10分钟马哲课

趣读马克思 ②

为什么出发？
马克思和他的时代

夏 莹 ◎ 著

人民出版社

责任编辑：曹　歌
封面设计：肖　辉　王欢欢
版式设计：严淑芬
责任校对：余　佳

图书在版编目（CIP）数据

为什么出发？：马克思和他的时代／夏莹 著 . — 北京：
　人民出版社，2023.2（2024.1 重印）
ISBN 978 - 7 - 01 - 023584 - 4

I. ①为… 　II. ①夏… 　III. ①马克思主义 - 研究　IV. ① A81

中国版本图书馆 CIP 数据核字（2021）第 139081 号

为什么出发？

WEISHENME CHUFA

——马克思和他的时代

夏　莹　著

人民出版社 出版发行

（100706　北京市东城区隆福寺街 99 号）

北京新华印刷有限公司印刷　新华书店经销

2023 年 2 月第 1 版　2024 年 1 月北京第 2 次印刷
开本：880 毫米 × 1230 毫米 1/32　印张：9.125
字数：157 千字

ISBN 978 - 7 - 01 - 023584 - 4　定价：68.00 元

邮购地址 100706　北京市东城区隆福寺街 99 号
人民东方图书销售中心　电话（010）65250042　65289539

目录

一晃之间，距离 2018 年已经 4 年了。马克思今年 200 多岁了。为了纪念马克思诞辰 200 周年，我所撰写的"趣读马克思"系列第一部《青年马克思是怎样炼成的？》，到今天，也已出版 4 年了。

4 年间，除了这本小书的出版之外，我的学术研究与生活都有了很多的变化，但所有那些属于我个人的变化相对于 2020 年这一特殊年份给人们的生活所带来的变化而言，都显得太过微不足道了。但同时，那些属于我个人的变化却又不可避免地与这个特殊年份中所发生的种种巨变密不可分。

自 2020 年始，我已经逐渐地并完全地适应了融媒体的教学，线上线下与学生的交流已经成为我的工作常态。

自 2020 年始，我们已经进一步地、全面地依赖于智能手机。因为它不仅是我们与他人联络的通信工具，不仅是我们工作、娱乐的公共平台，钱包、车票、会员卡等等生活必需品的汇聚地，同时更为重要的是，它成了我们进出公共场所的通行证。

自 2020 年始，全球化的经济、文化一体化的浪潮在新冠肺炎疫情的侵扰下第一次遭遇了前所未有的挑战，"保持距离"不仅成为保障个人身体健康的基本信条，同时也正在逐渐成为复杂的国际外交关系中的一个备选项。

当然最为重要的还有：

自 2020 年始，我们对于"生命"的内涵与外延都有了完全不同的理解。

于是，产生了如下关乎个人的诸多问题，如信息安全、生命政治、系统内生存、自媒体的拓展与资本化，以及诸多关乎全人类的问题，如逆全球化、平台资本的垄断趋势以及对这一垄断的限制等……无法归类的新的时代问题层出不穷。现实世界的丰富性总是不断嘲弄着理论界日益壁垒森严的学科划分。面对全球新冠肺炎疫情所带来的现实问题，单一学科的研究与分析视角总是显得太过单薄和片面。

然而在这一特定的时代背景之下，对马克思主义经典文献的阅读却似乎给予了我突破学科界限来思考这个时代的某种力量。马克思的哲学在此充当着一个路标：在马克思的经典文献当中我们或许并不能完全找到对一系列复杂问题分析的现成答案，但马克思的唯物史观以及他运用这一唯物史观的分析方法对其所处时代的审视却为我们指引了一条分析当今时代的理论道路。

这并非意味着我在此将马克思神化为"上帝"，让他拥有了全知全能的视角，仿佛马克思的哲学如同"万金油"，可以直接拿来包治百病。相反，我在此所做的工作只不过是不断地恢复、重塑马克思撰写某篇文献所处的那个特定的时代、特定的情景，以获取马克思文献中力透纸背的思想力道以及其穿越时空的永恒魅力。因为我相信，还原某一思想的特殊性，反而会增强某一思想的普遍性。这一点尤其适用于创立了唯物史观的马克思，其思想所具有的穿透力总是存在于其思想与某一个特定时代须臾不可分离的分析模式。脱离了特定时代的思考，对于马克思而言，从来都是思辨哲学才有的一种抽象。

同时，更为重要的是，马克思的唯物史观并不太可能被清晰地归入到某一特定的学科分类当中。唯物史观是一种历史学吗？如果是，似乎它对于历史事实本身的分析太过概略了。唯物史观是一种哲学形而上学吗？如果是，似乎它对于现代社会经济架构的研究又太过经验化了。唯物史观是一种经济学吗？如果是，似乎它对于经济概念的分析总是落脚到对阶级关系的批判，从而又显得太过哲学了，等等。唯物史观的这一不可分类性所透露出的却正是唯物史观诚实地直面社会现实所必然采取的一种理论姿态：唯物史观是马克思面对刚刚兴起的新的资本主义时代所出现的诸多复杂问题而展开的一次理论实践。在其中，马克思试图从现实生活本身，而不是从人头脑中的概念出发来推演这个新的时代所特有的特征、走向及其未来。这个新时代所出现的诸多新的问题对于当时人们所产生的冲击，并不小于今天我们遭遇到的这一时代变局。

因此，唯物史观，作为从社会现实出发面对复杂问题的理论实践，注定会成为我们思考这个百年未有之大变局的思想利器。

作为"趣读马克思"系列丛书的第二部，我在这一部中与大家分享的正是渐趋成熟的马克思第一次触及唯物史观基本原则的全过程：从起始于 1845 年的《神圣家族》到完成于 1852 年左右的《路易·波拿巴的雾月十八日》，其中涵盖了包括《关于费尔巴哈的提纲》、《德意志意识形态·费尔巴哈章》、《共产党宣言》、《雇佣劳动与资本》等一系列马克思在这一时期最富影响力的文献。

我的写作仍然延续着第一部《青年马克思是怎样炼成的？》中所尝试的思想散文体的方式，试图将马克思所生活的时代、他的生平故事与他的思想糅在一起，以一种近乎片段的方式拼接出一个全面而丰满的马克思。

某种意义上说，在这第二部趣读系列中所涉及的文献对于理解马克思的思想具有最为重要的理论意义。原因有三：其一，马克思在这一阶段所撰写的文献全部经过了 1848 年欧洲革命的现实洗礼。而这一时期其所带来的世界变局虽不及 1789 年法国大革命时期那么剧烈，但作为大革命诸多后果的现实显现，却助推着后革命时代包括政治、经济与文化等整个社会的全面变革。因此，也只有在这个时期才有可能诞生出马克思的《共产党宣言》这样的传世经典。

其二，马克思在这一时期完成了对思辨哲学的彻底批判，并极为难得的对独属于他自身的哲学思想，即唯物史观，进行了正面的、较为系统的阐发。作为一个拥有着强烈时代问题导向的思想家，马克思的文本大多是论战性的、时事评论性的。虽然马克思曾接受过系统的哲学训练，并在日常阅读中从未远离对诸如康德、黑格尔、谢林、洛克等哲学家著作的阅读，但层出不穷的时代问题与思潮总是让马克思一次次中断自身哲学的阐发，并在其晚年转向了政治经济学批判的相关研究。尽管在我看来，马克思的政治经济学批判同样是一种独特的哲学表达，但这一研究毕竟已不是建基于哲学固有的一些基础性问题的思考了。因此在 1845 年到 1852 年的这段时间里，马克思通过《关于费尔巴哈的提纲》、《德意志意识形态·费尔巴哈章》等重要文献第一次也近乎是最后一次较为系统地阐发了唯物史观的一些基本原则，因此，这一时期注定将成为我们学习和研究马克思哲学最重要的时间段。

　　其三，正是近乎亲身经历 1848 年欧洲的革命，并旁观了 19 世纪 50 年代路易·波拿巴在法兰西第二共和国中所发动的政变，马克思的思想倾向发生了很大的转变。那个充满着斗争精神的、激情四射并随时准备冲上大街与敌人搏斗的马克思逐渐消失了。一个更为冷静而沉着，似乎更习惯于在图书馆的故纸堆中去推演概念的理论家马克思初露端倪。这一转变对于我们捕捉马克思的思想轨迹而言，意义重大。但我在此却无意去制造"两个马克思"的形象，仿佛马克思一夜之间变成了另外一个人。事实绝非如此。无论是对于那个伏案苦读的马克思，还是对于那个激进活跃的马克思，如何真正实现社会的变革、实现人类的解放始终是他不变的问题意识。只是从 1848 年欧洲革命中，马克思认识到，任何现实的革命实践都不得不建基于对社会现实经济架构的分析和批判之上，当现实的社会经济条件未能给予改变现实的契机之际，一切行动都是盲目的，也注定会是失败的。因此，我们只有首先理解了这一时期马克思的思想建构与革命实践，我们才能真正理解那个致力于政治经济学批判的成熟时期的马克思究竟在做什么。他不是经济学家，不关心自己所研究的对象是否能够在未来学科分类中成为显学——尽管马克思的经济学研究的确在西方经济学的发展历程中占据了重要的理论地位——相反，马克思对经济学的研究目的始终只是为探寻一条现实地超越资本主义社会的可能性道路。仅此而已。

因此，这一部的"趣读马克思"注定成为理解马克思全部思想所必须的中坚环节，它如同一副思想的骨架，支撑起一个完整的马克思的思想轮廓。

正是因为这些文献极为重要，我在撰写这部"趣读"的过程中也总是慎之又慎，一方面怕有所遗漏，恨不得将我所读到的所有文字都讲给大家；另一方面，又怕太过繁琐与晦涩，因为想说的太多，可说的也太多，但冗长晦涩的讲述却是违背我写作"趣读马克思"的原初本义的。于是，面对这一时期马克思如此众多的重要文献，究竟该将哪一篇放入我的"趣读"当中来，这一取舍着实消耗了我很多的时间和精力。不得不承认的是，这种取舍带有我个人很强的主观色彩，其所依据的不仅是文献的重要程度，同时更是我个人在阅读这些文献时是否能找到一些引发我的兴趣的理论要点，并在写作中感受到一种行云流水般的自然流淌——当然，这个似乎有点太过"缥缈"的标准注定显得太过理想，一落到实处，就让我深切地体会到了现实与理想之间的差距。读着最终成书的这些篇章，我却并不确定这些我认为"有趣"的部分是否也会是读者的兴趣点，但不管怎样，我为之做出的努力总算在这部小书当中留下了某种痕迹。至于这一痕迹是深是浅，已不再是我可以决定的了。

　　以上，大约就是我在写完本书之后还想说的一些，我认为的并非多余的话。

夏　莹

2022 年 8 月于双清苑

第一章

当马克思遇到恩格斯……

——《神圣家族》之一

◆ 人间知己（中国画） 王为政

1844 年，对于马克思的思想形成而言，有两件大事：一件是《1844 年经济学哲学手稿》的诞生，这件事情的重要性直到 20 世纪 30 年代之后才被我们真正认识到；另一件大事，却是在当时就已被马克思与燕妮清楚意识到的，那就是在这一年的 8 月，马克思与其相伴一生的挚友恩格斯"真正"相遇了。

1844 年 8 月，马克思与恩格斯在一间有着法国摄政王时期风格的咖啡屋里相约畅聊。据说，伏尔泰、本杰明·富兰克林、狄德罗、路易斯·拿破仑等一系列历史名人都曾光顾过这间咖啡屋。而自 1844 年 8 月以后，这一串名字中还要加上马克思与恩格斯。

　　两个人都出生于中产阶级家庭，都曾狂热地写过诗歌，又同样在思想的发展中经历过对费尔巴哈的迷恋，经受过青年黑格尔派思想的洗礼，最终转向了共产主义，因此两个年轻人的相遇与相知似乎是上天注定的某种缘分。然而，此前的一次匆匆见面之后，马克思却对于这个来访者毫无感觉。显然对于马克思这样典型的德国人来说，"爱"一个人，与"恨"一个人一样，都不能是仅仅停留在一面之缘的表象之上，他需要知道那个迎面而来的"对象"究竟在想些什么。

　　于是当恩格斯遭遇马克思的"冷淡"会面之后，他回到了曼彻斯特，并为马克思在巴黎主编的《德法年鉴》提供了两篇稿子，一篇是对卡莱尔的《过去与现在》的批判，一篇则是《国民经济学批判大纲》。后一篇文章对马克思产生了巨大的震动。可以说，正是借助于恩格斯清晰明了的解读和概括，马克思才发现，在英国思想界正如火如荼展开着的启蒙运动有着与他所迷恋的近代德国哲学一样的伟大气质。

　　英国的这场启蒙运动，被学界统称为苏格兰启蒙运动。这场运动当中，除了著名的经验主义者休谟之外，还包括那些被马克思在《1844年经济学哲学手稿》中批判的"国民经济学家"

们：亚当·斯密、大卫·李嘉图等。他们运用英国人特有的严谨态度，毫无偏见地正视着社会现实中事无巨细的林林总总：从小市民在市场上的斤斤计较，到财富的积累方式，这些被德国人所鄙视的不值一提的生活琐事，却成为了苏格兰启蒙运动者们认真对待的研究对象。当现代社会进入商品普遍交换的时代之后，英国人所热衷讨论的"经济"问题，正逐渐成为架构现代社会的方式。毫不夸张地说，对于它的忽视，就是对一个时代的忽视。

但喜欢思辨的德国人天生与这种英国的经验主义传统格格不入，因此，尽管苏格兰启蒙运动在英国进行得轰轰烈烈，却没有触动到德国思想家敏感的神经。黑格尔在年轻的时候曾经阅读过斯图亚特有关政治经济学的研究，并且，实际上在他的《法哲学原理》当中，黑格尔已然将自己对这种刚刚兴起的市民社会的关注融入到对国家理念的建构上来。

青年马克思则不同，他比黑格尔更为急切地试图寻找一种真正能够触及现实的理论路径。因此，1844年的马克思已经开始了对政治经济学的摘录和研究。不过，这一时期的马克思由于缺乏对资本运行方式的直观感受和理论探索，很自然的，他对于这门新兴学问的研究，以及对资本主义未来的可能性走向的预见在彼时远远不如恩格斯。相信那一刻恩格斯所交出的那篇《国民经济学批判大纲》一定加深了马克思对于这门新兴学科直接而强烈的理论兴趣。

当然，同时得到加深的还有马克思对恩格斯的好印象。马克思开始正式与恩格斯通信，并最终促成了8月的那次富有"历史性的会面"①。两个人一定相谈甚欢，因为自此之后在马克思四十年的创造历程中，总会有恩格斯在理论上的或者在经济上的持续支持。

恩格斯很谦虚，总是将自己的工作视为对马克思的一种追随：

> 我不能否认，我和马克思共同工作四十年，在这以前和这个期间，我在一定程度上独立地参加了这一理论的创立，特别是对这一理论的阐发。但是，绝大部分基本指导

----

① ［英］戴维·麦克莱伦：《马克思传》，王珍译，中国人民大学出版社2016年版，第120页。

思想（特别是在经济和历史领域内），尤其是对这些指导思想的最后的明确的表述，都是属于马克思的。我所提供的，至多除几个专门的领域外，马克思没有我也能很容易地做到。[1]

实际上，恩格斯的独立著述也颇有建树，特别是对于一个未能系统完成学业的人来说，他对当时新兴的所有的科学、哲学与历史都孜孜以求。其中，他的《路德维希·费尔巴哈与德国古典哲学的终结》以及《家庭、私有制和国家的起源》都是我最喜欢的作品：前者以惊人的概括能力将整个德国古典哲学的基本问题论述得清清楚楚，后者则为我们示范了一个坚定的历史唯物主义者究竟该如何看待丰富多彩的历史变迁。

但不可否认的事实是，恩格斯最富有影响力的著作还是那些与马克思一起合作完成的著作，例如，《神圣家族》、《德意志意识形态》与《共产党宣言》。但两个人的合作模式有些特殊。在他们任何一部合作的著作中，都没有清楚地说明究竟哪一部

---

[1] 《马克思恩格斯全集》第21卷，人民出版社1965年版，第335—336页注1。

分是马克思书写的，哪一部分是恩格斯书写的。由此也曾引发了很多文献学意义上的问题，很多学者运用他们对于马克思和恩格斯的解读来推断某些段落的归属问题，透过遗留下的文献还原当时写作的历史场景，仿佛自身与马克思、恩格斯一起，坐在古旧的书桌前奋笔疾书，大家有没有感觉这就如同一场思想的探险，一次精神的考古学。这一工作真的很有趣！

好了，现在我们已经见证了两位伟大思想导师的相遇，那么接下来，我们就要深入到他们合作的文本当中，与这两位年轻人一起经历一次思想的历险。因为正是在他们合作的这些文本当中，我们所熟知的历史唯物主义的全部概念都渐次浮出了水面。

首先，1844 年的后半段时间里，两个人合作完成的第一部著作就是著名的《神圣家族》。

《神圣家族》完整的名称叫作《神圣家族，或对批判的批判所做的批判。驳布鲁诺·鲍威尔》，又是一个只有德国人才能习惯的冗长书名。特别是对"批判的批判"所做的批判，简直如同绕口令一般。但马克思也是没有办法，因为他和恩格斯所批判的对象——那些在德国近代思想史上被称之为青年黑格尔派的一群人——将自己的哲学命名为"批判的哲学"，并在他们思想的主要阵地《文学总汇报》上发表了一些批判性的文章，所以青年黑格尔派所进行的批判成了"批判哲学的批判"。而我们的马克思和恩格斯因为不满于他们所展开的批判，要进一步对这种批判哲学的批判进行再批判，于是就有了这部书的全部内容。

幸好，它有一个可选择的另一个好名字，"神圣家族"。这个名字很生动。一看到它，即便对于我们这些并没有多少宗教情结的中国人而言，也会联想起位列仙班的一群人所组成的一副画面。而这个名字的来源还真是如此，如果你翻开《马克思恩格斯全集》的第 2 卷，都会读到这样一段译者注：

> "神圣家族"一书的书名，本来是意大利著名画家安德烈阿·曼泰尼亚（Andrea Mantagna，1431—1506）一副名画的题目，画中的人物是圣母玛利亚抱着圣婴耶稣，旁边是玛利亚的丈夫圣约瑟，有圣以利沙伯、圣约翰、圣亚拿以及一些天使和神甫。马克思和恩格斯就是借用这个题目来讽喻以布·鲍威尔为首的一伙的。他们把布鲁诺·鲍

威尔比作天父的独生子耶稣，把其他几个伙伴比作他的门徒。这些人妄自尊大，自以为超乎群众之上，以为他们的话就是天经地义，不容争辩，正像耶稣在人们中传道一样。①

布鲁诺·鲍威尔，这位马克思曾经十分尊敬的思想同路人，曾经与青年马克思一样采取不与现实妥协的姿态，他与卢格、马克思、赫斯等人所构成的青年黑格尔派，一度将激进的哲学推到了极致。这一派年轻人组成的"思想天团"从对宗教的批判入手。最初激发了他们对宗教批判的热情的人是一个叫作施特劳斯的人。

大家注意，这个施特劳斯不是那个为我们带来优美的《蓝色多瑙河》的音乐家，而是一个德国理论家，他的全名叫作大卫·弗里德里希·施特劳斯。他用来征服了当时这群天才少年的作品，是一部叫作《耶稣传》（1835）的宗教批判著作。

---

① 《马克思恩格斯全集》第 2 卷，人民出版社 1957 年版，《神圣家族》扉页。

在这部书中，施特劳斯批判超神迹的存在，用历史考证的方式来考证新约福音神话故事的真实性。他考证的方式很独特，他并不在乎福音书中所说的故事究竟是否真的存在，他只是运用因果律来揭示在四部福音书记载中存在的逻辑矛盾，以此来证明超验神迹的不存在。

正是这部书惊醒了黑格尔死后出现的新一代青年信徒。鲍威尔和马克思是其中的佼佼者。大家知道吗，马克思那句大家耳熟能详的"宗教是人民的鸦片"的名言其实最早出自鲍威尔之口，可见鲍威尔在宗教批判道路上所起到的引领作用。

只是不同于施特劳斯，鲍威尔并不想找福音书中的逻辑矛盾，而是直接指出福音书的所有故事其实不过是一个拥有"自我意识"的作者的任意编造。因此，对宗教的批判不能仅仅停留在对福音书文本的考据当中，同时更应意识到宗教不过是自我意识分裂的结果，是人把人自己的属性剥夺掉，放到天国去的结果。从此宗教所包含的所有神圣性都被还原为人的自我异化。这种自费尔巴哈以来就被提出的观点在鲍威尔这里得到了更为彻底的阐释。

故事说到这里，鲍威尔和马克思还不可能决裂，因为他们在这些问题上的看法是完全一致的。因为这种一致性，以至于马克思认为宗教的批判已经结束了。在他看来，他的朋友们已经完成了这份工作。因此，当马克思有一天突然发现他曾经思想上的同盟军，在宗教批判上极为彻底的鲍威尔兄弟竟然试图将"自我意识"放到社会现实之中，认为在观念上完成一种批判就可以真正改变世界的时候，他一定无比的惊讶。鲍威尔的这种蜕变大约是囿于黑格尔的哲学框架内必然有的一种宿命。

很显然，这种希冀在观念上完成革命即代表在现实中也完成了革命的理论，开始脱离"群众"。

因此，刚刚结成同盟的马克思与恩格斯将鲍威尔兄弟所代表的青年黑格尔派作为了自己首先需要与之论辩的对象。

在《神圣家族》这部书中，马克思是这样开篇的：

在德国，对真正的人道主义说来，没有比唯灵论即思辨唯心主义更危险的敌人了。它用"自我意识"即"精神"代替现实的个体的人，并且同福音传播者一道教诲说："精神创造众生，肉体则软弱无能。"显而易见，这种超脱肉体的精神只是在自己的想像中才具有精神力量。鲍威尔的批判中为我们所驳斥的东西，正是以漫画的形式再现出来的思辨。我们认为这种思辨是基督教德意志原则的最完备的表现，这种原则的最终目的就是要通过变"批判"本身为某种超经验的力量的办法使自己得以确立。①

这段开场白应该算是马克思对于为什么取名"神圣家族"的一种题解了吧。在这个立场鲜明的开场白之后，马克思和恩格斯开始了对以这个神圣家族所宣扬的批判哲学细致入微的再批判。

---

① 《马克思恩格斯全集》第2卷，人民出版社1957年版，第7页。

第二章

马克思的爱情宣言：思想和它的对象

——《神圣家族》之二

Die heilige Familie,

oder

Kritik

der

kritischen Kritik.

Gegen Bruno Bauer & Consorten.

Von

Friedrich Engels und Karl Marx.

Frankfurt a. M.

Literarische Anstalt.

(J. Rütten.)

1845.

◆《神圣家族》第1版扉页

　　1844 年的那个夏天，马克思和恩格斯的那次历史性会面之后，两个人竟然一起待了 10 天。真希望有一部时空穿梭机能把我带回到那 10 天里，去聆听一下这两个年轻天才之间的精彩对白。可惜关于这 10 天里他们究竟谈了什么，并没有记载，只是 10 天以后，两人决定要着手用一部"小册子"来对他们曾经的朋友鲍威尔进行批判。

　　恩格斯是一个行动力很强的人，很快交出 15 页，对于一部小册子来说，可以算作一半的篇幅，所以恩格斯认为自己已经完成了与马克思合作的任务，于是转头就和赫斯一起到莱茵区做共产主义的宣传去了。但随后马克思却一直拖到 11 月份才交稿，而且交出的是一部近乎 300 页的"大部头"。这就是今天我要和大家接着讨论的《神圣家族》。

恩格斯有点小郁闷，他在给马克思的信中这样说："我们两人对《文学报》所持有的严正的鄙视态度，同我们竟然对它写了二十二个印张这一点很不协调。"①（二十二个印张，用德国文人当时的计算方式来看，大约正是 300 页的篇幅）。

说实在的，马克思在理论上是很严谨甚至多少有些严苛的人。所以他对于手头所有前八期的《文学总汇报》进行了近乎咬文嚼字般的批判，几乎不放过任何与之观点不一致的那些细节。因此，这部原本的"小册子"才变成了一部"大部头"。只是这部以论战为主的书读起来也不是很容易。特别是对于已经远离了 19 世纪德国学术圈的我们而言，很多观点的辨析显得多少有些过于琐碎了。字里行间，我们总会感到马克思是带着愤怒在写作的，尽管这些愤怒往往被转化为一种调侃。

幸好马克思开宗明义地亮出了自己与鲍威尔立场的差异：鲍威尔如同一个神学家，将自我意识变成了一个新的超验的神，它

---

① 《马克思恩格斯全集》第 27 卷，人民出版社 1972 年版，第 30 页。

创生现实世界；而马克思则坚持着他一贯的立场，以现实世界作为自己的出发点，将一切在头脑中生成的观念都看作是对现实世界的一种反映。只要我们坚守这一对立的原则，就可以不为其繁杂的论证所困扰，就可以在一个悠闲而温暖的下午倒上一杯茶，翻至《神圣家族》的某一篇，看看思想的角斗场上，马克思究竟如何挥舞着他现实的利剑去刺穿鲍威尔思辨的神秘面纱。

今天，就让我先给大家呈现这样一幕厮杀的场景。

故事发生在鲍威尔先生在评论一个叫作冯·帕尔佐夫夫人的小说当中的一个场景。这个场景关乎爱情。但正是这个被叫作爱情的东西吓到了鲍威尔先生。于是鲍威尔先生首先出场了，他大喊着：

> 爱情……是一个凶神，她像所有的神一样，要支配整个的人，直到人不仅将自己的灵魂、而且将自己的肉体的"自我"交给她时，她才感到满足。对爱情的崇拜便是苦恼，这种崇拜的顶峰就是使自己成为牺牲品，就是自杀。[1]

_____

[1] 《马克思恩格斯全集》第2卷，人民出版社1957年版，第23页。

接着马克思出场了，他一脸嘲弄的表情，貌似尊重实则调侃地说：

> 埃德加尔先生（也就是鲍威尔先生——笔者注）把爱情变成"神"，而且是变成"凶神"，所用的办法是把爱人者、把人的爱情变成爱情的人，把"爱情"作为特殊的本质和人分割开来，并使它本身成为独立存在的东西。通过这样一个简单的过程，通过谓语到主体的这一转变，就可以把人所固有的一切规定和表现都批判地改造成怪物和人类本质的自我异化。①

马克思熟练地运用着德国人一贯具有的晦涩表达，绕来绕去的语言显现着青年马克思与他所批判的对象所共有的那些语言特质。在这里马克思要表达的意思并没有看起来那么困难。他其实是想说，鲍威尔之所以害怕爱情，是因为他将"爱情"看得和宗教很接近。

对于马克思和鲍威尔这一代年轻人来说，当时德国的宗教

---

① 《马克思恩格斯全集》第 2 卷，人民出版社 1957 年版，第 23—24 页。

对人的生活是一种巨大的束缚。马克思与他的小伙伴们当时最崇拜的费尔巴哈，最打动马克思和鲍威尔的观点就在于揭示出了宗教的本质不过是人的本质的异化。这就是说，人按照自己的模样创造了神，并且把自己全部的能力都交给了神，然后自己变得一无所有，这就是所谓的"人类本质的自我异化"。把自己创造的对象看作是主人，把自己看作是为这个主人服务的奴隶，这就是所谓的"谓语到主体的这一转变"。

所以呢，马克思实际上洞察了鲍威尔是在用批判宗教的方式来批判"爱情"，对于马克思这个风流倜傥，并拥有与燕妮的美好爱情的年轻人来说，鲍威尔的这种套用简直是匪夷所思的。

爱情，这个本来属于两个人之间感性的体验，在鲍威尔的批判的批判当中被抽象为一个毫无情感的"自我"与自我的对象化存在。这种德国人在头脑中玩的思辨游戏已经将德国哲学榨干为一堆概念，现在它竟然试图去榨干"爱情"。这真是是可忍孰不可忍！

爱情，的确需要有个被爱的对象，爱人与被爱人之间的关系究竟是什么样子，本来就是如人饮水冷暖自知的事情，但对于鲍威尔先生而言，却是可以摆放在哲学的讲台上道说出的普遍真理。因为鲍威尔教授在爱情里发现了德国哲学最爱的一个概念：那就是"对象"：

> 对象是一个非常确切的词，因为，对于爱者说来，被爱者（没有女的）只有作为他所痴迷的这一外在客体，即作为他希望用来满足自己的私欲的客体时，才是重要的。①

大家注意，这段话中有一个有趣的括号，里面写着"没有女的"，这是被马克思加上去的，因为在德文中"被爱者"（Geliebte）这个词应该是一个阴性词，但鲍威尔却把他当作阳性词来使用，于是造成的效果是"爱"与"被爱"的人全是男人。

好吧，青年马克思一贯犀利的批判刀锋不放过任何一个小的错误。不知这个错误是一个笔误，抑或是鲍威尔教授有意为之，但却不经意间将这种痴迷于概念的思辨哲学的本质揭露无疑，这是一个"无性"的哲学。

_____

① 《马克思恩格斯全集》第2卷，人民出版社1957年版，第24页。

所以当这一哲学发现"爱情，不只是幽禁在脑子里"[①] 的时候，真是怕得要死了。所以鲍威尔教授用尽浑身解数来贬斥这一将对象带入到感性生活当中的爱情，方法就是将爱情贬斥为私欲的满足。

而马克思，这位沐浴在爱情当中，并关注街头巷尾之现实的人，怎么会容忍这样对爱情的贬损，他反唇相讥：

> 对象！可怕得很！没有比对象更可憎、更鄙俗、更群众的了，——a bas（打倒）对象！绝对的主观性、actus purus（纯粹的活动）、"纯"批判怎么能不把爱情看作 bête noire（黑兽），看作撒旦的现身呢！因为爱情第一次真正地教人相信自己身外的实物世界，它不仅把人变成对象，甚至把对象变成了人！[②]

每一次读到马克思这一段嘲弄的最后一句话，我都忍不住笑出声来。"爱情第一次真正地教人相信自己身外的实物世

① 《马克思恩格斯全集》第 2 卷，人民出版社 1957 年版，第 25 页。
② 《马克思恩格斯全集》第 2 卷，人民出版社 1957 年版，第 24 页。

界，它不仅把人变成对象，甚至把对象变成了人！"，我将这段话视为马克思的爱情宣言。这是一个懂得如何运用"自我"和"对象"的一个德国年轻人对于爱情之真谛的理解，因为他实际上将爱情放到了一个与他所学到的德国传统哲学的对立面上。

在这里，爱情突破了德国思辨哲学中将对象视为自我之异化的圆圈式的思维，这一思维将自我与对象都囚禁在人的头脑中，相反，爱情在这里却让对象赫然屹立在人的头脑之外，变成了一个与自我的异化并无丝毫关联的独立的、现实的人！因此，爱情对于马克思来说，已经为真正的感性哲学的建构吹响了集结的号角。而他，将是响应这一召唤的第一人！

因此，马克思的爱情观与鲍威尔的爱情观的对立是两种哲学原则的对立，不可调和，他们之间的角斗也是不可避免的了。懂得了这个对立，面对这场渐入佳境的哲学戏剧，我们欣赏起来，将更加轻松而惬意。

鲍威尔先生这样说："爱情本身是一种不知来自何处

也不知走向何方的抽象的情欲，它对于内在的发展不感兴趣。"①

面对这样荒唐的描述，马克思通过引用席勒的诗篇《来自异乡的少女》，绕个弯儿对它加以讽刺。

席勒这样写道：

"她不是降生在山谷里，
谁也不知道她来自何方；
她匆匆地辞别而去，
连踪影也随之消失。"

接着席勒的话，马克思讽刺地说：

在抽象的眼里，爱情是"来自异乡的少女"，她没有携带辩证的护照，因而被批判的警察驱逐出境。

---

① 《马克思恩格斯全集》第 2 卷，人民出版社 1957 年版，第 26 页。

爱情的情欲对于内在的发展不感兴趣，因为它不可能被 a priori（先验地）改造出来，因为它的发展是发生于感性世界中和现实的个人当中的现实的发展。而思辨结构的主要兴趣则是"来自何处"和"走向何方"。"来自何处"正是"概念的必然性、它的证明和演绎"（黑格尔）。"走向何方"则是这样的一个规定，"由于它，思辨的圆环上的每一环，像方法的生气蓬勃的内容一样，同时又是新的一环的发端"（黑格尔）。这样，只有在爱情的"来自何处"和"走向何方"可以被 a priori（先验地）构造出来的时候，爱情才会使思辨的批判感到"兴趣"。

在这里，批判的批判不仅反对爱情，而且也反对一切有生命的东西，一切直接的东西、一切感性的经验，反对所有一切实际的经验，而关于这种经验，我们是决不会预先知道它"来自何处"和"走向何方"的。①

这是马克思在有关爱情的思想角斗中所做的总结性陈词。我实在不忍打断，因此大段的给大家展示出来。在其中，我们

---

① 《马克思恩格斯全集》第 2 卷，人民出版社 1957 年版，第 26 页。

不仅看到他与鲍威尔所代表的批判的批判哲学所持有的对立立场，同时还看到了马克思对于他昔日迷恋的老师黑格尔的一次小试牛刀的批判。在此黑格尔所特有的圆圈式的思辨结构成了有待爱情去解构的对象，这一解构的最终结果将让那些所有预先规定事物发展方向的所有努力都变得荒唐可笑。

的确如此，在现实生活中活生生的我们，或许可以说出我们来自何处，但却无法未卜先知地说出我们将"走向何方"，而这，正是人的真实生活的写照。而爱情的力量，就在于此，它将我们从超验的幻想当中拉出来，让我们发现了自己鲜活而有限的那一面。

因为爱情，我们真正成为了人。

第三章

思辨结构的秘密，抑或巴黎的秘密

——《神圣家族》之三

◆ 巴黎雷让斯咖啡馆，马克思和恩格斯在这里会晤

1842—1843 年在法国《战斗报》上，一个叫欧仁·苏的作家开始连载一部叫《巴黎的秘密》的小说，小说一出版，随即轰动巴黎。这部以一位公爵的成长历程为主题的小说，因为情节曲折离奇，故事线索丰富有趣，人物多样，性格迥异，得到了欧洲文坛的普遍认可。最终在 1844 年，它以 150 万字的篇幅结束之后，马上就被翻译成多国语言出版，法国、俄国文坛的评论家们纷纷称赞这部小说是一部"不朽的作品"，而欧仁·苏则成为了文坛毋庸置疑的"天才"。

这一作品影响如此巨大，以至于当时正沉迷于抄录斯密、李嘉图等古典政治经济学家著作的马克思，都关注到了这部小说，尽管这种关注与他的论战对手，一个叫作施里加—维什努的青年黑格尔派积极分子有关，因为这个人，在马克思手头所有的《文学总汇报》上大肆吹捧着这部著作的重要意义。争强好胜的马克思，这个时候再一次按捺不住，他一口气在《神圣家族》这部著作用了三章（第五章到第八章）的篇幅，对维什努的批判进行了再批判。

马克思为什么如此关注这部小说在欧洲的走红？如果让我给大家讲讲其中的故事，恐怕要讲个三天三夜，或许大家还会听得津津有味，因为它的情节很是跌宕起伏，如同一部肥皂剧，因此，在它刚刚问世的时候，就出现了根据它而改编的歌剧、戏剧，并取得了很好的票房成绩。但1844年的马克思并不是一个大众文化的追捧者，他关注这部小说的原因，却是与他的哲学观念有着直接的联系。

一个基本的常识在于，一个人喜欢什么样的文学作品，与他是怎样一个人，以及拥有怎样的哲学观有着千丝万缕的联系。在梅林的《马克思传》当中，记录了马克思所热爱的文学家，他指出这些文学家"都是伟大的世界诗人，他们的作品也都反映着整个的时代，如埃斯库罗斯、荷马、但丁、莎士比亚、塞万提斯和歌德"①。在马克思的著作中，我们常常可以看到他顺手就可以引用歌德、塞万提斯以及巴尔扎克的人物形象来对他的理论进行极为精准的隐喻性分析，这种分析为他的哲学增添了诸多的趣味。大家要注意了，马克思所喜爱的文学，绝非仅仅是那些拥有着美丽辞藻与曲折情节的作品，更为重要的是，这些作品自身都是对"整个时代"的反映。正如我们已经反复指出的那样，马克思是一位关注社会现实，并试图脚踏实地改变社会现实的哲学家，因此一部文学是否真实的反映时代，是否切中要害地批判了这个时代，甚至蕴含了对这个时代的全部改造，一定成为马克思品评一部作品水平之高低的标准之一。甚至在某种意义上可以说，是最为重要的标准。

那么好，让我们就用马克思的这个标准来衡量一下这部被当时欧洲文坛吹捧上天的欧仁·苏和他的《巴黎的秘密》。

坦白地说，《巴黎的秘密》在某种意义上也反映出了当时的社会现实。它所反映的时代是巴黎的 19 世纪 40 年代初的一些社会问题。法国 1830 年的 7 月革命虽然推翻了波旁王朝，

---

① ［德］梅林：《马克思传》，樊集译，人民出版社 1965 年版，第 622 页。

但革命的胜利成果最终却落到了金融贵族的手中，因此，商业、工业、农业等资产阶级的利益不仅没有得到相应的保障，同时广大无产阶级和手工业者日益贫困的状态反而加剧了。因此，新的骚动总是不断升级，直至 19 世纪 40 年代革命时代的到来。在欧仁·苏的小说中，以鲁道夫公爵为主线，所贯穿的是巴黎各个阶层不同生活的写照，上层社会的腐化，与下层人民的疾苦形成了鲜明的对比。这种对比被巧妙地融合到鲁道夫公爵由一个只懂得追求爱情的翩翩公子成长为一个道德学家的人生历程当中。鲁道夫通过乔装改扮深入到巴黎贫民窟的行为深化了他对巴黎之秘密的真正理解，同时更让小说的描写触及了一个贵族公子无法涉足的生活，刺客、妓女的出现，不仅丰富了故事，也丰富了欧仁·苏的巴黎白描。

既然如此，为什么马克思还如此不满呢？在我看来，关键的要点在于，欧仁·苏在小说中透露出的面对这些社会问题他所给出的解决方案。正是这些方案，让马克思一眼看穿了欧仁·苏小说背后的理论根基。正是这一根基，与马克思截然对立。

为了说明这一根基，让我来为大家说明一个重要的背景，欧仁·苏特别喜欢文艺批评家拉威尔丹的基本观点，而这个拉威尔丹又是谁呢？他对于今天的我们或许很陌生，但我们却对他的思想导师很熟悉，他就是法国著名的空想社会主义者傅立叶。拉威尔丹是傅立叶学派的重要成员。说到这里，大家自然会明白马克思反感欧仁·苏的原因了吧。在《巴黎的秘密》当中，欧仁·苏将所有问题的解决重任都放在了鲁道夫伯爵的身上。并借助于这位主人公之口，将禁欲主义和皈依上帝，作为解决社会之恶的主要方式。面对社会的贫苦，巴黎的人民所能依赖的只能是如鲁道夫一样的社会道学家们所办的慈善事业，在救济当中，在理想农场当中获得自己生活的全部意义，人民在这种救济当中获得道德的提升，摆脱所有那些"不健康的欲望"。社会的不平等的最终解决所依赖的是富人把自己口袋里的钱拿出来分给穷人，穷人就瞬间在精神和肉体上得到了双重的救赎。这就是流行于 19 世纪 30—40 年代的典型的法国空想社会主义思想。

好了，关于欧仁·苏的《巴黎的秘密》，我说得够多了，原因是因为马克思在《神圣家族》中对这部小说的整个情节说得太少。大约因为当时这部小说太过火爆了，以至于马克思认为这种交代是没有必要的，重要的是哲学家马克思在《神圣家族》中的理论任务在于揭露青年黑格尔派的理论本质，而青年黑格尔派的成员之一施里加—维什努的思想恰好淋漓尽致地表达在他对这部小说的品评中。因此，马克思将更多的篇幅给予了对施里加的评判。但无可否认的一个事实是，正是在马克思对施里加批判的再批判当中，我们惊奇地发现欧仁·苏小说所构筑的法国空想社会主义的基本理路竟然与德国的青年黑格尔派拥有着相同的思维结构。这个发现，在我看来，实在是一个意外的惊喜。

正是在对这一思维结构的说明当中，我们即将进入到《神圣家族》这部著作中最为精彩的一部分，同时也是最为思辨的一段哲学论述。这就是有关"思辨结构的秘密"的一节。马克思写作这一节的目的是为了说明施里加对"巴黎的秘密"的品评所包含的本末倒置。在马克思看来，他用黑格尔的思辨结构的秘密先做个范例，然后再揭露施里加对巴黎的秘密的解读，就变成了一件很容易的事，但实际的效果是，这部分哲学的讨论，对于今天的广大读者来说，远比欧仁·苏的小说更难以接受。因此，在这里，我采取的方法是将马克思的这种论证方式颠倒过来，在此，"巴黎的秘密"将成为思辨结构的秘密的一个例证。

施里加之所以高度评价这部小说，是因为欧仁·苏对于巴黎社会现实的白描不是反映了已有的现实，而是制造出了一个原本并不存在的现实，以便彰显一个文学家或者思想家对于社会现实已有的基本看法。简单说来，比如欧仁·苏对于巴黎肮脏的小酒馆的描写不是为了说明巴黎下层人民的疾苦生活，而是为了说明欧仁·苏，这位文学家自己有关"罪恶的巴黎"这一观念的一种表现方式。所以施里加将欧仁·苏的小说称作"史诗般的作品"，因为"史诗创造这样一种思想：现实本身是无，它甚至不仅是（……）过去和未来的永恒的分界线，而且还是（……）应该经常加以填充的、把永恒和无常分隔开来的裂口……这就是'巴黎的秘密'的普遍意义"①。

马克思引用了施里加对欧仁苏的评价。

换句话说，《巴黎的秘密》之所以被施里加视为"史诗"，因为它不是描写了现实，而是创造了现实。谁创造了现实呢？是欧仁·苏，这个伟大的文学家的头脑创造出来的。巴黎肮脏的小酒馆和昏暗的街道都不过是印证了这个伟大头脑中有关

---

① 《马克思恩格斯全集》第 2 卷，人民出版社 1957 年版，第 68 页。

"巴黎罪恶"的种种观念：看吧，正是在那肮脏的小酒馆中，罪恶就在其中发生了吧。经过施里加的评价，欧仁·苏作品中仅存的那一点现实主义顷刻间烟消云散了。

这就是一种思辨结构。用通俗的话说，在这一结构当中，丰富的现实是被抽象的观念演绎和推理出来的。现实，没有它独立存在的可能性，它是无，只有观念才让这个"无"变成了"有"。所以人头脑中的观念成为了魔法师，可以无中生有。而这个被创造出来的"有"于是也不过就是魔法师随意变化的一种形式而已。

有了对这个思辨结构的认识，大家再来尝试读一下马克思对于思辨结构的批判，是不是会容易很多呢？

这段话是这样表述的：

> 如果我从现实的苹果、梨、草莓、扁桃中得出"果实"这个一般的观念，如果再进一步想像我从现实的果实中得到"果实"（«die Frucht»）这个抽象观念就是存在于我身外的一种本质，而且是梨、苹果等的真正的本质，那么我

就宣布（用思辨的话说）"果实"是梨、苹果、扁桃等等
的实体，所以我说：对梨说来，决定梨成为梨的那些方面
是非本质的，对苹果说来，决定苹果成为苹果的那些方面
也是非本质的。作为它们的本质并不是它们那种可以感触
得到的实际的定在，而是我从它们中抽象出来又硬给它们
塞进去的本质，即我的观念中的本质——"果实"。于是
我就宣布：苹果、梨、扁桃等是"果实"的简单的存在形式，
是它的样态。①

　　这样一段表述已经足够说明问题了。在这里，原本形态各
异的梨、扁桃和苹果，突然变得不再真实，它们都要依赖于一
个叫作"水果"也就是果实的抽象观念，自己才能存在。马克
思嘲弄这种结构，因为被这种结构所统治的思想家们即便把梨
放到嘴里，吃到它的香味，也觉得它仍然是观念的产物，而并
不具有自身独立的存在价值。这个说法，相信多少会让人有些
费解。难道思辨哲学家们都疯了吗？当然不是，马克思在这里，
为了扭转德国古典哲学传统中浓重的思辨色彩，不得不将这一
逻辑推到极致，而任何一种逻辑被推到极致都不免成为片面的。

---

① 《马克思恩格斯全集》第 2 卷，人民出版社 1957 年版，第 71—72 页。

实际上，那些思辨哲学家们没有一个人见到梨、苹果与扁桃，会否认它们存在的真实性，只是对于他们来说，如果要把握这些变化了存在形态的水果，需要一个普遍的"果实"这个观念的概括。哲学就是做这个工作的行家里手。哲学所创造的概念帮助人们摆脱了变化多端的现实，进入了一个真理的系统当中，所以当我们去理解马克思对思辨结构的批判的时候，也一定要注意区分这样一个要点：马克思并不反对用果实来概括梨、苹果和扁桃，他所反对的其实是思辨哲学家们总是觉得梨、苹果和扁桃是从果实当中推演出来的，事实上，马克思更愿意强调的是，抽象的观念其实是对梨、苹果和扁桃的一种概括。

因此，对于马克思来说，欧仁·苏对巴黎现实的描写并不是依据已有的巴黎的秘密而推演和制造出来的，而就是巴黎的现实本身的一种反映，施里加颠倒式的评价并没有抬高了欧仁·苏，反而可能是矮化了他。当然当欧仁·苏抛出了那带有浓重的空想社会主义式的解决方案时，我们或者可以说，施里加的判断确实更接近欧仁·苏的本意。因为对于欧仁·苏而言，要消除巴黎现实的罪恶，所能依赖的也仍然是慈悲，即仁慈与宽容的观念。因此，马克思将思辨结构的帽子扣在施里加和欧仁·苏的头上，也算不大不小，正合适。

　　马克思对思辨结构的批判反映出这个时候的马克思思想中的唯物主义萌芽已经开始茁壮成长了。当然彼时，这个萌芽还略显稚嫩，因此，在面对思想的敌人的时候，马克思还是显得有些太过急躁了些。以至于他过早地宣布了以黑格尔为代表的思辨哲学的死亡。

第四章

马克思的『独立宣言』

——《关于费尔巴哈的提纲》之一

◆《关于费尔巴哈的提纲》的两页手稿

1888 年，恩格斯的一部重要文献《路德维希·费尔巴哈与德国古典哲学的终结》出版了。在其中，恩格斯终于对马克思之前的德国哲学传统给予了系统的批判。相比于 1845 年就已下决心与费尔巴哈决裂的马克思，恩格斯的这一次思想上的自我清算，似乎来得有些太迟了。

好在恩格斯在这一著作的序言当中对他的这种迟钝给出了一个解释：

> 这期间，马克思的世界观远在德国和欧洲境界以外，在世界的一切文明语言中都找到了拥护者。……在这种情况下，我感到越来越有必要把我们同黑格尔哲学的关系，

我们怎样从这一哲学出发又怎样同它脱离，作一个简要而又系统的阐述。同样，我也感到我们还要还一笔信誉债，就是要完全承认，在我们的狂飙突进时期，费尔巴哈给我们的影响比黑格尔以后任何其他哲学家都大。①

不知大家是否看到了这样一副有趣的思维导图：

马克思思想在海外的传播——马克思与黑格尔哲学相混淆——需要将马克思与黑格尔思想区分开来的同时——发现了费尔巴哈对于阐发这一区分具有不可替代的重要性。

从这一意义上说，恩格斯于 40 年后向费尔巴哈的这次回顾，就不是一种简单的重复。19 世纪 80 年代，马克思的读者们开始困惑于马克思在《资本论》中竟然开始卖弄起黑格尔的"逻辑学"，因此，恩格斯的提醒，在此刻就变得尤为重要。是的，马克思所创立的思想体系，无论如何变换，都还需要建基在"唯物主义"的基础之上。而费尔巴哈，尽管马克思曾经在

---

① ［德］恩格斯：《路德维希·费尔巴哈和德国古典哲学的终结》，人民出版社 2018 年版，第 4 页。

40 年前急切地与他划清界限，但都无法抹去他在马克思思想中最先播种下的那颗唯物主义的种子。

当然，恩格斯这一次思想回顾的最大功绩，绝非在于重新凸显出费尔巴哈的重要性，他的最大功绩是当他试图撰写有关费尔巴哈哲学评论的时候，重新翻找了马克思与他在 1845—1846 年的手稿，在这一次翻箱倒柜当中，恩格斯如同一个思想的考古学家，竟然发现了一个未曾发表的提纲，写作时间不详，恩格斯也大约根据它被翻找出来的那本笔记的位置判定它大约完成于 1845 年的春天。

在这个春天里，马克思一家刚刚被驱逐到比利时的布鲁塞尔，为安顿下来，马克思一家花去很多的时间，找房子，为申请居住许可证而奔波，与出版社签订了一部有关政治经济学的研究著作等，马克思自身的研究实际上处于中止状态，可以说，这个小小的、简约的提纲，近乎成为了这段时间马克思唯一留下的文献。

这一文献只有十一条，翻译成汉语，也不过 1500 字，带有着尼采式的哲学的表达方式，每一条的表述，都近乎拥有着振聋发聩的效果，它如同一束束光，照进黑暗的森林中，呈现出一条林间小路，指引着我们走进马克思思想所构筑的森林，恩格斯将其称为"包含着新世界观的天才萌芽的第一个文献"，①我却想将它称为通往马克思哲学新世界的林中路。

这部提纲，就是后来被我们所熟知的《关于费尔巴哈提纲》（以下简称为《提纲》）。

尽管学界对于这一提纲究竟是为了写作《德意志意识形态》（以下简称为《形态》）做准备的，还是为《神圣家族》做延伸性研究的结果，还存在着考据学上的争议，但就从提纲所涉及的多个条目的主要内容而言，它与紧随其后的《形态》有着千丝万缕的联系。我近乎无法将两者完全分割开来加以讨论。在《提纲》中提到的全部概念和命题都可以在《形态》中得到更为详尽的阐释，还有比这更显而易见的事实吗？

于是在此，我的做法是弱化这部《提纲》在马克思思想当

① ［德］恩格斯：《路德维希·费尔巴哈和德国古典哲学的终结》，人民出版社 2018 年版，第 4 页。

中的至高地位，将它仅仅还原为《形态》的一个准备性提纲，它全部的意义是以一种提纲挈领的方式，向我们展现了《形态》所试图说明的全部思想的内涵与本质。

要说清楚这部提纲的主旨，是一件困难的事情。因为提纲从根本上说缺乏一个逻辑的贯通性，它只能算作是马克思多个思考点的汇聚。甚至连它的题目，也是恩格斯添加上去的，这意味着，在这十一条中，马克思在写作提纲的时候只是想对当时流行的各色思想进行一揽子式的批判。而费尔巴哈恰恰是其中最有代表性的一个。

如果大家回想一下 1844 年马克思在他有关政治经济学的研究手稿当中对于费尔巴哈曾有过那么多的赞誉，那么你一定会体会到，仅仅一年后的马克思此刻内心的挣扎。

在这一意义上说，《提纲》是马克思思想的独立宣言。如果说在此之前，他虽然已经拥有了自己的一些独特想法，但总还需遮遮掩掩地将它们隐藏在黑格尔或者费尔巴哈的思想外衣之下——这虽说是一个年轻学者开始自己的思想启程之前必要的一种准备工作，但如果拖得太久了，那么也可能丧失了创建自身之独立思想的有效契机。1845 年的马克思，在经过《神圣家族》的洗礼，完成了与他的青年黑格尔派同辈学者多角度论战之后，越来越清晰地意识到曾经作为他的思想导师的费尔巴哈，虽然满口操持着与青年黑格尔派并不那么相同的语言，但实质不过是他们中更富有迷惑性的一员。因此，当马克思准备再一次向他的同辈学者的哲学思想发起攻击之际，却发现首当其冲需要系统批判的，不是鲍威尔，也不是当时刚刚出版了《唯一者及其所有物》，并实际上产生了巨大影响的麦克斯·施蒂纳，而是他的思想偶像，曾经引领他摆脱思辨哲学困扰的费尔巴哈。

在马克思的独立宣言中，马克思用以摆脱费尔巴哈的方法，就是创造了一条新的唯物主义道路。但无论是在《提纲》中，还是在《形态》中，马克思都没有给它一个新的命名，只是将它与费尔巴哈所代表的唯物主义对立起来，将费尔巴哈所代表"从前的一切唯物主义"称之为旧的唯物主义，以及直观的唯物主义。而他的唯物主义，则不过是一种"新的唯物主义"。这个命名的缺失，在某种意义上说，所彰显的正是此刻马克思思想的未成熟性。

一个哲学家的成熟，首要的就是他需要一整套带有个人鲜明特色的概念体系，而此刻的马克思，虽满怀雄心壮志，似乎要以一种不同于费尔巴哈的唯物主义登上哲学史的舞台，但因为这种概念命名的缺失，为他后来的阐释者带来了许多困难。好在，这不过是一个并未打算发表的《提纲》；好在，马克思在这个提纲中对这个未命名的概念做了些许描述性的阐释。

比如：第一条：

从前的一切唯物主义（包括费尔巴哈的唯物主义）的主要缺点是：对对象、现实、感性，只是从客体的或者直观的形式去理解，而不是把它们当做感性的人的活动，当做实践去理解，不是从主体方面去理解。因此，和唯物主义相反，唯心主义却把能动的方面抽象地发展了，当然，唯心主义是不知道现实的、感性的活动本身的。[1]

比如：第九条

① 《马克思恩格斯选集》第 1 卷，人民出版社 2012 年版，第 133 页。

　　直观的唯物主义，即不是把感性理解为实践活动的唯物主义，至多也只能达到对单个人和市民社会的直观。[1]

再比如：第十条

　　旧唯物主义的立脚点是市民社会，新唯物主义的立脚点则是人类社会或社会的人类。[2]

　　我无法想象脱离了后来《形态》的文本，有谁能完全参透这些箴言式的表达究竟意指着什么。因此，在这一章中，我也仅仅以勾勒的姿态，向各位展示一下一种新唯物主义的建立有着何等重要的理论地位，以及这个唯物主义的素描版的肖像究竟该长成什么样儿。

　　当我在努力思考着，想为大家去描绘这个新唯物主义的肖像之时，在我的脑海中呈现出来的却是一副面朝大海、春暖花开的画面：

---

[1]　《马克思恩格斯选集》第 1 卷，人民出版社 2012 年版，第 136 页。

[2]　《马克思恩格斯选集》第 1 卷，人民出版社 2012 年版，第 136 页。

在这幅画中，有一片海、一棵树、一束花、一个人。而马克思的新唯物主义的研究对象，不是那个直接呈现在你眼前的那棵树、那束花、那片海、那个人，这个新唯物主义并不关心哲学家们以怎么样的方式将这些被称之为"客观存在"的物"反映"到头脑中去的方式——而费尔巴哈恰恰是这个"反映论"的典型代表。

在费尔巴哈的眼中，当我们将头脑当中的所有关于树、花、海与人的观念看作是源于现实世界中的一棵树、一束花、一片海与一个人的客观存在时，那就是唯物主义者了。这种反映论式的观看世界的方式，也就是马克思在《提纲》中所指认的那个从前一切唯物主义审视世界的方式，它们"只是从客体的或者直观的形式去理解"世界的方式。这种唯物主义就是直观的唯物主义。

而新唯物主义者，面对这些个客观存在，则会这样来思考：这样的一棵树，这样的一束花，究竟是如何生长在这样的一片海的周围，它是被这个人种在这里的吗？还是与这个人毫无关系？当这个人走入这个被树、花与海所构造的世界当中的时候，他又在想些什么，是感叹于这自然的造化？抑或是觉得，需要在这个已有的世界中留下的自己的痕迹，比如将这样的一束花摘下，放到自己带来的花盆中，带到自己在海边建造的小屋里，或者将它带到另外一个地方，在那里，让它与其他的花，其他的树一起的生长？这些我们都不得而知。新唯物主义者所知道的是，在他们眼前的这个世界总是一个有待他们的活动去加以改造的世界。这就是马克思所说的从感性的人的活动，从实践出发、从主体方面，同时也是从被唯心主义所倡导的能动性方面出发所建构的那个"新唯物主义"。

不知通过这个肖像，大家是否能看清新唯物主义所特有的基本构图了呢？如果还没有，也不必着急，毕竟这不过是一个素描草图。马克思已经准备好了各色颜料，并已在画板上调出了精美的颜色，他将用他近乎毕生的经历来为我们勾画这幅有关新唯物主义的精美画作。让我们共同期待吧！

第五章

改变世界的第十一论纲

——《关于费尔巴哈的提纲》之二

◆ 1845 年前后的布鲁塞尔

　　1845 年 2 月，马克思与燕妮被法国政府驱逐，不得不举家迁移到了比利时的布鲁塞尔。这个 1830 年才刚刚获得独立的国家在马克思到来之际，整座城市都在大兴土木。虽然自 12 世纪以来，布鲁塞尔大广场，这个被法国大文豪雨果称之为"欧洲最美丽的广场"已经开始建设，但历史的风雨与自然的侵蚀都不断地损害着这一广场原有的风貌，因此对它的修缮从未停止过。同时在当时颇为"现代化"的购物中心圣于贝尔长廊（Les Galeries Saint Hubert）在马克思到来之后也开始动工，自 1846 年起，历时 18 个月，于 1847 年 1 月正式落成。在布鲁塞尔居住的三年间，马克思的主要住处是野树林街 19 号，与建筑这一长廊的施工现场，走路也不过几十分钟的路程。因此，可以毫不夸张地说，马克思近乎成为了这一长廊成长的最初见证者。

这一长廊是本雅明所热衷讨论的那种"拱廊街"式的建筑风格。它是奢侈品陈列之地，古典的欧洲建筑风格与咖啡馆、饭店完美地融合为一体。然而在这一切繁华的背后，马克思所看到的却是另一幅更为真实的场景：那些建筑长廊的工人们的生活条件极度恶劣：工人平均每周工作 6 天，日均工作 12 到 14 个小时，平均 70 人一间厕所，几代人拥挤在一两间住房内，人均寿命不超过 40 岁！当然这样的统计数字，当时的马克思没办法获得，这是今天热衷于数据统计的我们在当时官方的资料中替马克思找到的佐证。因为我确信他一定以最为朴素的方式，直观地看到这些抽象数据背后的那份残酷的真实：垃圾遍地、污水横流的生活场景，以及工人们的极度贫困、饥饿与疾病。对于一个拥有着共产主义理想的理论家、革命家来说，这一切所给予他的触动一定会、也必须以某种方式被呈现出来。

如果将这一时期马克思所完成的《关于费尔巴哈的提纲》与《德意志意识形态》带入这一场景中，我们会发现，对于一个将哲学视为时代精神之精华的哲学家来说，思想与现实之间的呼应从没有偶然的恰好，有的只是必然的契合。

于是，在《提纲》当中，马克思写下这样一句掷地有声的革命箴言：

> 哲学家们只是用不同的方式解释世界，问题在于改变世界。①

这是《提纲》的第十一条，也是它的最后一条。

它，是还未完全成熟的马克思自身思想的创造性的概括和总结。同时，它更是为马克思思想的未来树立了一个路标。所有人在走到这里的时候，都会看到马克思为我们呈现出的两条思想之路：一条思想之路指引着我们去解释世界，另外一条思想之路则指引着我们去改变世界。马克思显然将他的路标插在后一条道路的起始处。

是的，这个时候的马克思将全部哲学家们的工作视为一种

---

① 《马克思恩格斯选集》第 1 卷，人民出版社 2012 年版，第 136 页。

旁观，而他，这个每天都可以步行来到圣于贝尔长廊肮脏的施工现场的热血青年，却要将哲学变成一种直接改变现实的力量。马克思要做那个不公正社会的改造者。百年以后，当我们已经拥有了马克思一生全部的著作之后，我们甚至可以说，马克思全部思想的特质在这一宣言当中得到了最好的体现。

马克思哲学的研究者常常将这一宣言称之为"第十一论纲"。对我而言，每当我和朋友们听到有人提到"第十一论纲"这一名称的时候，谁都无须再去背诵它的基本内容，就立刻浑身充满了行动的力量。

在伦敦北郊海格特公墓中的马克思墓碑上，用英文镌刻着的马克思的墓志铭，正是这"第十一论纲"。

德国的洪堡大学撰写在门口的校训也是马克思的"第十一论纲"。作为马克思的母校柏林大学分解后的一支，洪堡大学显然已经将马克思视为它的杰出校友了。

是的，全世界都感受到了马克思"第十一论纲"所具有的巨大力量。它从根本上改变了哲学的属性与哲学家的肖像。如果说在此之前，哲学家是一群可以坐在壁炉前冥思苦想的孤独沉思者，那么自马克思开始，哲学与哲学家们则已经变成了每天手里拿着报纸，眼睛看向窗外，时刻准备有所行动的实践者。

尽管很多学者会说，马克思在"第十一论纲"当中并没有逼迫哲学家做这样的选择，因为马克思从根本上否弃了哲学本身，或者更确切地说，是扬弃了以往全部的旧哲学。哲学家，在这一时期马克思著作中常常是被他讽刺和挖苦的对象。正如在"第十一论纲"中表现出的那样，马克思与哲学家似乎是两种不同的人：一个须臾不离对现实的批判，另一个则只在书斋中做点概念的推演、"精巧"的学问。

但如果我们进一步去追问，马克思，作为一个思想家，又是如何去批判和改造世界的呢？马克思的一生的确为很多革命团体撰写过宣言和纲领，但却并没有真正出现在任何一场革命的战场上。马克思始终在用他的笔来战斗，用他在书斋中的阅读来批判。哲学，作为一种时代精神的精华，一种纯粹的思想形态，完全可以囊括马克思为了改造世界而作出的全部思考。因此，在"第十一论纲"中被马克思嘲弄的哲学其实是一个被窄化了的哲学，它只是代表着那些已经不再与 20 世纪 40 年代那个革命的时代相符合的哲学，我们不能以此为标准，来否认马克思思想的哲学属性。马克思一生所构筑的改造世界的思想本身，其实也是一种新的哲学形态。

从这一意义上说，马克思是一个可以在哲学史上留下自己独特地位的哲学家。因为他显然用改造世界的哲学为哲学开启了一种新的理论形态。

这一哲学形态较之于德国古典哲学而言，总是显得不那么纯粹，因为在这一哲学当中，改造世界，作为一种现实的行动第一次被纳入到理论当中来。一大堆需要阐释的理论难题也紧随其后，其中有两个特别需要我们优先阐发的命题：第一，哲学如何直接成为改造世界的力量？这是否意味着哲学家自己行动起来呢？第二，这个既有的世界，冥冥中好像有着自己前进的轨道，在何种意义上，可以给渺小的人类去改变它的可能性呢？

在我看来，马克思后来大部分的哲学探索，都在努力围绕着对这两个问题进行解答。在此我想先将马克思的具体回应方式放到一边，转而用一个哲学小故事向大家呈现马克思这种特有的哲学所具有的理论困境与他可能采取的方式。

　　古希腊有一位叫作泰勒斯的哲学家，他开启了哲学的第一个基础问题，那就是万物统一性的问题，在他留给我们的残片当中，仅凭着他所谓的"世界统一于水"这个提法，泰勒斯成为了西方哲学的鼻祖。你或许会很惊讶，这个完全缺乏论证和科学依据、大而化之的命题，为什么能成为哲学开始的标志？原因很简单，要知道正是这种有关世界统一性的追问方式让人们的眼睛第一次穿透了直观的经验世界，进入了现象背后的本质。你可以完全不同意他对于世界统一性问题的回答，但他提问的方式却开启了哲学的思考路径。

　　然而正是这个西方哲学史中引领人们透视世界的第一人，却曾经因为总是抬头看天，不小心掉到井里，他的仆人因此而忍不住哈哈大笑。但泰勒斯没有立刻发怒，他只是默默回到书房，继续他有关天文学的研究。正是借助于天文学的知识，泰勒斯成功预测了第二年葡萄的丰收，让那些以为哲学家愚蠢无知的仆人为之汗颜。

泰勒斯的这个回击，在我看来，无意间为大家呈现了一个哲学家改造世界的行动与常人改造世界的行动之间的区别：泰勒斯并没有自己去种植葡萄，而是用天文学的知识指导葡萄的种植，换句话说，泰勒斯用以反击世人嘲笑哲学家沉迷理论的方式，仍然是理论的。我想，如果让泰勒斯直接去种葡萄，他可能都不知道该如何使用锄头，结果只能引来更多的嘲笑。

在这个故事中，大家应该可以理解马克思的"第十一论纲"所具有的特有力量：首先，这个所谓改造世界的哲学与解释世界的哲学之间的区别并不在于前者直接是一种体力劳动的结果，后者是一种脑力劳动的结果；相反，两者都表现为一种理论形态，奉行改造世界的马克思也将以撰写研究著作的方式来改造世界。

如果是这样的话，那么两类哲学的根本区别究竟是什么呢？概括说来，改造世界的哲学，正如泰勒斯向我们示范的那样，就是用一种近乎天文学的科学考察告诉那些种植葡萄的人，什么时候播种、什么时候浇水。用哲学家熟悉的语言来说，这种哲学将为改造世界的行动提供可能性的条件，比如马克思从这个时期开始，对于人类历史发展的巨大兴趣，其实就如同泰勒斯对于天文学的研究，当马克思能够发现人类历史的发展规律的时候，他的思想就可能成为一种人类改造现存世界的指南，资本主义会在什么时候灭亡？而生活在其中的人们又该为此而做些什么？

当然问题绝非如泰勒斯管理葡萄园那么简单，因为历史本来就是人类行动的结果，它的规律又怎会如同天文学那样客观明了？但马克思，这个致力于为人类解放幸福而奋斗的思想家，却如同行走在人间的普罗米修斯一般，无论过程如何艰辛，都要为人类盗取有关历史秘密的天火，以照亮人类前行的道路。

第六章

19世纪的德国人与他们的樱桃树

——《关于费尔巴哈的提纲》之三与《德意志意识形态·费尔巴哈章》之一

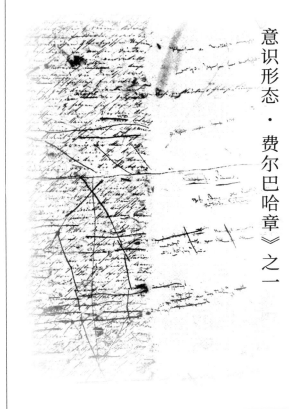

◆《德意志意识形态》手稿中的一页

不同的时代，总会孕育出不同的哲学家。而不同哲学家与他所处时代的勾连方式，则不过是将他所处时代进行概念化的抽象。比如，柏拉图的"理念"、笛卡尔的"我思"、康德的"批判"、费希特的"自我"以及黑格尔的"绝对精神"，在哲学史的戏剧舞台上，这些概念变成了哲学家的脸谱，成为我们辨别他们最为直观的方式。

刚刚将自身哲学与传统形而上学区分开来的马克思，也需要为他所谓"改造世界"的哲学寻找这样一张脸谱，一个概念。

他选择了"实践"。

实践这个概念，在西方哲学史上并不是一个新词。从亚里士多德的时代，实践就进入了哲学家的视角。只是对于亚里士多德来说，实践知识是以行动为目的而非以真理为目的的知识①，因为在亚里士多德的时代，哲学的边界还不那么明晰，所以这个实践智慧是否是哲学的一部分，本身存在着争议。这一争议到了康德那里才真正变得明朗起来，康德用"实践理性批判"的建构，说明了包含着自身目的的行动所彰显的实践智慧，理所当然也是哲学的一种，这种哲学在后康德时代才逐渐清晰化为道德与伦理的领域。

但马克思所谈到的"实践"却并不全然等同于亚里士多德意义上的实践，因为马克思的实践，不仅仅指人类的道德行为，更多的是一种人对现实世界的改造，这种改造，在亚里士多德那里，也有一个名称，叫作"创制"活动。由于这一活动不是以人自身为目的，而是以产品为目的，在奴隶主亚里士多德的眼中，不能算真正的人的活动，至多只能是奴隶的活动。好吧，如果亚里士多德坐着时光穿梭机来到马克思生活的年代，他可

---

① ［古希腊］亚里士多德：《形而上学》，苗力田译，中国人民大学出版社2003年版，第33页。

能觉得与他生活的年代也没有那么大差别，这种站在机器旁边，以生产一个产品为目的的活动，无论技术上取得怎样的进步，在亚里士多德的眼中，都不过是另一种形式的奴隶劳动。

所以在哲学界，有这样一个被普遍接受了的观点，马克思的实践观念其实是亚里士多德意义上的实践与创制的结合。为什么这么说呢？道理不太复杂：改造世界，既是一个以人为目的的活动，也是一个以产品为目的的活动。改造世界，需要人与客观存在的自然界打交道，与既有的社会制度打交道，其中一定包含着粗俗的创制活动。对于马克思来说，我们盖一座房子用来遮风避雨，这也是一种实践，同时，为全体人类的解放而斗争，也是一种创制活动。换句话说，在马克思那里，以产品为目的的活动本身就包含着以人为目的的活动，比如我们在房子周围种几棵树，这个看似以产品为目的的劳动，最终却为人构筑了一个舒适的生活环境，并在其中彰显了一种只有人才有的审美感觉。

当然，我不否认这种区分带有浓重的学院派色彩，但总觉得还是有必要给大家交代一下这个背景。因为马克思在使用"实践"这个概念的时候如同呼吸空气一般自然，但这种"自然"却是一种侵染在西方哲学学院派传统之下的人才能理解的自然。因为这种"自然"，马克思理所当然地认为这个概念无须说明和阐释，只需要直接拿过来用就好了。于是造成了这样一种令人沮丧的局面：实践，作为马克思改造世界之哲学的核心关键词，却从未在马克思哲学中获得任何直接的阐释说明，马克思只是顺手拿过来就用。

比如《关于费尔巴哈提纲》的第二条中就有这样的表达：

> 人的思维是否具有客观的真理性，这不是一个理论的问题，而是一个实践的问题。人应该在实践中证明自己思维的真理性，即自己思维的现实性和力量，自己思维的此岸性。关于思维——离开实践的思维——的现实性或非现实性的争论，是一个纯粹经院哲学的问题。①

要理解这句话中的"实践"，对于还保有着新中国革命与建设记忆的一代人来说，反而并不困难。在我国的社会主义实践的道路上，其实每走一步，都需要某种特有的实践思想为指导。毛泽东同志在革命年代写下的名篇《实践论》中就

---

① 《马克思恩格斯选集》第 1 卷，人民出版社 2012 年版，第 134 页。

曾说过，要知道梨子的滋味，就要亲自尝一尝。邓小平同志早在 20 世纪 60 年代谈农业生产管理政策的时候，就采用四川谚语"黄猫、黑猫，只要捉住老鼠就是好猫"来生动地表达了一种实践中的探索。由此形成的"猫论"也成为了社会主义建设过程中的一个锦囊妙计。20 世纪 80 年代，在中国思想界曾经掀起了一场关于"实践是检验真理的唯一标准"的理论大讨论，直接吹响了改革开放的号角。这些生动的表述，从来没有仅仅被保留在文章里，停留在文件中，恰恰相反，它们立刻就被转换为一种现实的力量，让真实的生活世界为之一变。这就是马克思的实践概念的力量。这一力量的来源恰在于它既带有着以人为目的的崇高性，又带有着一种扎根于尘世的烟火气。

只有当我们拥有了对于实践的这一理解，我们才能真正理解在《德意志意识形态》当中的那个被称之为"实践的唯物主义"的立场，对这一立场的描述，是马克思对于实践概念的又一次屈指可数的描述性阐发：

> 对于实践的唯物主义者即共产主义者来说，全部问题都在于使现存世界革命化，实际地反对并改变现存的

事物。①

好不容易，马克思正面阐释了一下什么是他所谓的"实践的唯物主义者"，但却又顺手带出了一个"共产主义者"，并将两者结合起来。这就如同我们给一个外国人解释什么是"粽子"的时候，又引出一个"屈原"的故事，并随即发现，让外国人理解屈原，比让他们知道粽子更费劲。但这就是马克思思想特有的穿透力。对于马克思而言，每一个理论的阐发都同时彰显了一种思想的立场，并暗指着背后隐藏着一个论战的对手。

当时的欧洲思想界的确被共产主义幽灵所缠绕着。但在马克思之前，共产主义作为一种理论形态，自身的界限并不明确，它总是不得不与一些极为粗陋的唯物主义，以及各色各样的社会主义混淆在一起。在这一意义上说，当时的圣西门、傅立叶、欧文等这些空想社会主义者同时也都是共产主义者，这些词汇的运用在当时处于极为混乱的状态。1845 年，已经几乎出版了他全部重要的理论创造的费尔巴哈也开始称自身为共产主义者。

---

① ［德］马克思、［德］恩格斯：《德意志意识形态》（节选本），人民出版社 2018 年版，第 19 页。

但这个共产主义者究竟是什么意思？费尔巴哈并没有说。

曾经作为费尔巴哈的学徒，此刻的马克思，伫立在圣于贝尔长廊肮脏的施工现场，一定会对那个时代共产主义者们为世人所勾勒的美好社会所打动，但务实的马克思却显然并不满足于那种"空想"的共产主义者们，因为这群人对于已经存在的这个不公正的社会实际上采取了一种无能为力的态度，他们一般的思考方式总是这样的："这个世界很糟糕，但我能做的却是等待着一个新世界的到来。"于是最终傅立叶所心心念念试图建立的那个叫作"法郎吉"的共产主义社会，被当时的人们嘲笑为"大脑患病的产物"。即便是欧文在美国印第安纳州的现实实验，也以失败告终。

失败的原因并不在于他们给出的世界不美好，也不是他们缺乏行动力，而是因为他们并不知道，真正的共产主义者本质上应该是一个实践的唯物主义者，而这个实践的唯物主义者的任务不是在现存社会之外另起炉灶地去建构一个乌托邦，而是要让"现存的世界革命化，实际地反对并改变现存的事物"，换句更为简短的话，那就是要去"改变世界"。

于是，或许你会奇怪地接着问，为什么那些空想社会主义者不愿意去改变现存的世界，非要在我们之外另起炉灶？后一种做法不是更费气力吗？

没有空想社会主义者曾经给我们说明原因，但马克思对于费尔巴哈的批判却似乎给了我们一个说法。费尔巴哈在当时也自称为共产主义者，大家要知道，在当时，什么社会主义、共产主义，在这些人头脑中没有什么大分别。共产主义者费尔巴哈与那些空想社会主义者其实是站在同一立场之上的。但费尔巴哈不是实干家，他甚至都没有如同空想社会主义者一般，为我们勾勒出通往美好社会的基本途径，但却无意间向我们显露出他与空想社会主义分享着共同的理论基础，那就是直观的唯物主义。这种直观的唯物主义立场会让费尔巴哈们觉得，由人类组成的社会就如同自然世界一样，只能直观、不能改造。试想，我们能改变季节更替吗？能改变自然界春华秋实的演变规律吗？都不能吧！我们只能作为旁观者，去欣赏它，去研究它，去顺应它。

但马克思却不这样认为，他并不将人类社会完全等同于自然界。人类社会是人自身创造的产物，因此，人类当然有能力去改造它了，不是吗？你自己用木头做了一张桌子，你想让它是圆的，它就是圆的，想让它是方的，它就是方的。于是，在这个被人自己创造的东西面前，旁观者"秒变"行动者。

如果说直观的唯物主义是旁观者的理论，那么马克思的实践的唯物主义则是行动者的理论。两者区别究竟在哪里呢？在《提纲》中提出的诸多抽象的论述在《形态》中变得具体起来。

在此，马克思逼迫着费尔巴哈扮演直观的唯物主义者，而他则扮演了实践的唯物主义者，他们之间的理论对话就这样开始了：

"费尔巴哈设定是'人'，而不是'现实的历史的人'。"① 对此，马克思的回应是："'人'实际上是'德国人'。"②

紧接着，因为费尔巴哈仅仅从这种抽象的人出发，而不是从一个特定的具体的"德国人"出发，费尔巴哈陷入到了一个"二重性的直观，这种直观介于仅仅看到'眼前'的东西的普

① ［德］马克思、［德］恩格斯:《德意志意识形态》（节选本），人民出版社 2018 年版，第 20 页。
② ［德］马克思、［德］恩格斯:《德意志意识形态》（节选本），人民出版社 2018 年版，第 20 页。

通直观和看出事物的'真正本质'的高级的哲学直观之间"①。

这种两重直观近乎是哲学家所特有的视觉障碍，它仿佛让一个人的左眼与右眼在面对同一个东西的时候竟然完全不同，比如左眼看它是一个圆形，右眼却看它是方的，如果真有这种视觉障碍，那将是多么可怕的情境！？为了避免这种双重直观，大部分的哲学家甘愿做一个观念论者（也就是唯心主义者），后者完全摒弃了眼前的直观，认为那些流变的直观都是现象，而哲学家所关心的是现象背后的本质。但费尔巴哈却想做哲学家中的唯物主义者，结果就是他一边强调了眼睛所直观的感性世界，一边却并没有放弃哲学家式的本质直观，由于没有办法将两者糅合起来，于是，费尔巴哈变成了一个视觉障碍者。

实践的唯物主义者的眼睛却不仅健康，而且富有穿透力。二重性的直观，在这里变成了 3D 眼镜所必需的视差之见，它帮助马克思不仅看到眼前的事物，而且同时看出了它们的本质：作为人类自身的创造物的本质。这一本质与眼前的事物之

① ［德］马克思、［德］恩格斯:《德意志意识形态》（节选本），人民出版社 2018 年版，第 20 页。

间并没有绝对的分裂:

> 他没有看到，他周围的感性世界绝不是某种开天辟地以来就直接存在的、始终如一的东西，而是工业和社会状况的产物，是历史的产物，是世世代代活动的结果，……大家知道，樱桃树和几乎所有的果树一样，只是在几个世纪以前由于商业才移植到我们这个地区。由此可见，樱桃树只是由于一定的社会在一定时期的这种活动才为费尔巴哈的'感性确定性'所感知。[1]

读了这一段，大家应该能够感觉到一个实践唯物主义者的那双眼睛与直观的唯物主义者的眼睛之间存在着的根本区别。在一个实践唯物主义者眼中，眼前的每一个物件都是有故事的，都有着自己的来龙去脉，有开始有发展，当然也就有未来。因为马克思在指出每个物件的时候也总是不惜笔墨的为它添加上时间、地点甚至人物。于是，眼前的这颗樱桃树本来并不生长在德国，因此，当 19 世纪的德国人马克思看到它的时候，不仅想到的是好

---

[1] ［德］马克思、［德］恩格斯:《德意志意识形态》(节选本)，人民出版社 2018 年版，第 20 页。

吃的樱桃，同时还一下子看出了几个世纪以来的商业活动。如果没有这些商业活动，在 19 世纪的德国人的世界中就不可能存在这棵樱桃树，当然也就没有费尔巴哈意义上的感性直观。

同样："费尔巴哈在曼彻斯特只看见一些工厂和机器，而100 年以前在那里只能看见脚踏纺车和织布机；或者，他在罗马的坎帕尼亚只发现一些牧场和沼泽，而在奥古斯都时代在那里只能发现罗马富豪的葡萄园和别墅。"①

这就是人类社会的特殊性，在其中每一个看似与人无关的客观物件，本质上都是人的活动的产物。所以在实践的唯物主义者眼中，这个世界既然本身就是我们实践的产物，那么当然也就是我们可以改造的对象。所以我们不能仅仅作为一个站在世界旁边的解释者，我们有百分之百的充足理由和能力，成为介入这个世界的行动者。

改造世界的哲学，由此诞生了。

----

① ［德］马克思、［德］恩格斯：《德意志意识形态》（节选本），人民出版社 2018 年版，第 21 页。

第七章

一个『好汉』的溺水而亡

——《德意志意识形态·费尔巴哈章》之二

KARL MARX
FRIEDRICH ENGELS

DIE DEUTSCHE IDEOLOGIE

KRITIK DER NEUESTEN DEUTSCHEN PHILOSOPHIE
IN IHREN REPRÄSENTANTEN,
FEUERBACH, B. BAUER UND STIRNER,
UND DES DEUTSCHEN SOZIALISMUS
IN SEINEN VERSCHIEDENEN PROPHETEN

1845—1846

MARX / ENGELS
GESAMTAUSGABE
ERSTE ABTEILUNG
BAND 5

MARX·ENGELS·VERLAG G. M. B. H.
BERLIN 1932

◆《马克思恩格斯全集》历史考证版（MEGA[1]）第一部分第 5 卷（1932 年柏林版）
发表的《德意志意识形态》

　　马克思的研究工作总是被中断，除了生活的颠沛流离，更为重要的是在当时的社会中，各色社会思潮激荡流变着，总是不停干扰着马克思的思考。青年黑格尔派思想家鲍威尔在1845年就曾这样描述他那个时代的思想生产："在1841年值得关注的一本著作"，到了1845年就不可能"仍然具有价值"①。这是处于变动中的社会所特有的一种思想繁荣。社会变化越是迅速，越是会激发思想家们去努力对之做出阐释。中国的春秋战国时代，16世纪意大利文艺复兴的年代，以及18世纪法国的启蒙时代都曾借助于思想的繁盛敞开了一场轰轰烈烈的社会变

---

　　① 转引自［美］丹尼尔·布鲁德尼:《马克思告别哲学的尝试》，陈浩译，中国人民大学出版社2019年版，第1页。

革。马克思所处的 19 世纪 40 年代同样如此。

在马克思生活的年代，甚至包括仍在闭关锁国的中华帝国都开始体会到一种现代与前现代之间的强烈冲突。一种现代性的文明从欧洲文明当中逐渐生长出来，将田园牧歌式的文明变成为"不合时宜"的旧有文明，并将所有欧洲外的文明形态转变为野蛮文明。如果说现代性的文明形态在法国大革命中显露出它的基本轮廓，那么它在思想形态上所引发的激动，却是只有在德意志民族思想家的头脑中才被生产出来。

因此，马克思在《形态》的开篇中所交代的，正是这一变革在德国观念体系当中的表现方式：

> 正如德意志意识形态家们所宣告的，德国在最近几年里经历了一次空前的变革。……在普遍的混乱中，一些强大的王国产生了，又匆匆消逝了，瞬息之间出现了许多英雄，但是马上又因为出现了更勇敢更强悍的对手而销声匿迹。这是一次革命，法国革命同它相比只不过是儿戏；……一些原则为另一些原则所代替，一些思想勇士为另一些思想勇士所歼灭，其速度之快是前所未闻的。在

　　1842—1845 年这三年中间，在德国进行的清洗比过去三个
世纪都要彻底得多。①

　　这是对当时的德国思想界现状的一次直接的品评，其中透
露出一个德国人特有的孤傲：那鲜血染红的法国革命在冷静的
德意志意识形态的思想斗争面前竟然可以黯然失色。可想而
知，当马克思与恩格斯试图梳理甚至加入到那一段德意志意识
形态的争斗当中时，将是怎样的一次思想的历险。

　　马克思在理论上总是雄辩的。他将在时事评论中就已经显
露出的这一才华全部投入到与其同代人的思想斗争当中。斗争
的一方如果说是马克思与恩格斯，那么另一方则是被他们两个
称之为德意志意识形态家的一群人，或者偶然也被叫作"哲学
家"的一群人——其实这群人，就在两三年前还曾经是马克思
与恩格斯的亲密战友，并且都隶属于一个共同的思想群体：青
年黑格尔派。而今，两位青年才俊在经历了费尔巴哈的洗礼以
及德国与英国社会经济事实的现实教育后，率先觉醒了。

_____

　　① ［德］马克思、［德］恩格斯:《德意志意识形态》（节选本），人民出版
社 2018 年版，第 6 页。

因此，我们不能忽视马克思在 1859 年《〈政治经济学批判〉序言》中对这段自我觉醒的自觉描述：

> 自从弗里德里希·恩格斯批判经济学范畴的天才大纲（在《德法年鉴》上）发表以后，我同他不断通信交换意见，他从另一条道路（参看他的《英国工人阶级状况》）得出同我一样的结果。当 1845 年春他也住在布鲁塞尔时，我们决定共同阐明我们的见解与德国哲学的意识形态的见解的对立，实际上是把我们从前的哲学信仰清算一下。这个心愿是以批判黑格尔以后的哲学的形式来实现的。①

在这里，最为引发我关注的正是马克思与恩格斯思想的殊途同归。换言之，如果没有恩格斯对于英国工人阶级经济状况的关切，两位曾经的青年黑格尔派骨干也许并不能脱离他们固有的"哲学"传统，走出独属于自己的理论道路。

正是基于此，唯物史观与青年黑格尔派之间的核心分歧自然也得到了一种彰显。政治经济学批判给予了马克思与恩格斯

---

① 《马克思恩格斯文集》第 2 卷，人民出版社 2009 年版，第 592—593 页。

的独特视角，让他们洞察到了德国哲学特有的"意识形态"特质。

究竟什么是带有意识形态特质的哲学？不知大家是否与我一样，在马克思与恩格斯的这一批判当中体会到一种对全部旧有哲学的讽刺。道理很简单，大家只要想一想我们一般是如何看待哲学的，就可以明白为什么我有如此的体会？试想，哪一个哲学体系不是由观念构筑的体系？而意识形态，无论是从词源学上说，还是在它后来被哲学家所运用的方式上来说，都意味着一种有关观念（idea）的科学（-ology），因此，否认这种作为观念体系的意识形态的合法性，近乎就等于否定了全部哲学的基本特质。

当然，我们不能忽视意识形态独特的发展历史。它最早是被一个法国启蒙思想家，法兰西研究院院士德斯杜特·德·特拉西（Destutt de Tracy）创造出来，并且被视为一个在启蒙时代极好的词——因为它所表达的是一个有关理性的思想。观念的形态，在启蒙的时代就代表着一种理性，因为面对着那不断变黄又变绿的树叶，显然只有关于"树叶"的观念是恒久不变的：因此，这是真理的存在方式，所有的理性主义者在这一意义上都是观念论者，也就是意识形态家。所以，当时的特拉西和他的同僚们在谈到自己是一个意识形态家的时候，都是昂头挺胸，十分自豪的。只是当拿破仑执政以后，情形才发生了根本的变化。

在大革命初期，以特拉西为代表的法兰西院士们是推崇拿破仑的，他们甚至将这个军队的统帅吸纳为法兰西研究院的院士，我想从古至今，能同时兼顾军队统帅与研究院院士于一身的，也只有拿破仑一人啦。但当拿破仑发动政变，夺取政权之后，他与法兰西院士们的蜜月期也随之终结。作为一个真正的实践的政治家，拿破仑设计具体施政方略的时候已经发现了意识形态家们不过是一些"险恶的形而上学家"，一些"强词夺理的理性主义者们"。因为他们关于世界的判断完全脱离了现实。比如，意识形态家们基于理性立场对于宗教的无情批判，在拿破仑看来就没有太大的意义。很简单，对一个刚刚建立的共和国而言，宗教恰是一种很好的统治方式。拿破仑在给内政部长吕西安的信里，就曾这样充满调侃地说："你可以嘲笑占卜师，但是最好还是同他们一道吃献祭的小鸡。"[1]

----

① ［法］乔治·勒费弗尔：《拿破仑时代》（上卷），河北师大外语系《拿破仑时代》翻译组、中山大学《拿破仑时代》翻译组译，商务印书馆 1985 年版，第 136 页。

我们需要关注的，其实无非只是拿破仑与意识形态家的争论中所透露出的两种思想立场之间的差异：拿破仑所代表的本质上是一种政治的实用主义取向，虽然看似有些没有原则，但却有着一种天然的"与时俱进"、"具体问题具体分析"的精神气质；与之对立的意识形态家们虽然带有一种理想主义者的悲壮，但同时却透露出其脱离实际的抽象底色。由此，"意识形态"，这个曾经被一群法兰西院士所津津乐道的"观念科学"，一度成为了被嘲弄的对象，性质也因此发生了颠覆性的翻转。生活在后拿破仑时代的人们，再度谈起意识形态的时候，都将延续着拿破仑式的嘲讽。我们的马克思与恩格斯也不例外。当他们试图用一个概念来概括青年黑格尔派的基本主张的时候，意识形态成为了他们首选的概念。

原因很简单。鲍威尔、施蒂纳，尽管采取的哲学概念并不相同（比如鲍威尔的"实体"与"自我意识"，施蒂纳较为世俗化的"类"、"唯一者"、"人"，以及费尔巴哈的"感性"，等等），但他们却无一例外地将这些概念全部视为一种意识的产物，与现实生活并不直接关联。这种做法，就如同当年的黑格尔，试图用一个概念的体系就可以将变动的现实说得清清楚楚。

颇为有意思的是，在当时的思想界中，存在着一个老年黑格尔与青年黑格尔两大思潮的对立。但不知为什么，当我们追随他们各自的路径走一遍后，却发现两大思潮并没有根本的差异。

在《形态》中，马克思与恩格斯一眼就洞穿到了这一点：

> 老年黑格尔派认为，只要把一切都归入黑格尔的逻辑范畴，他们就理解了一切。青年黑格尔派则硬说一切都包含宗教观念或者宣布一切都是神学上的东西，由此来批判一切。青年黑格尔派同意老年黑格尔派的这样一个信念，即认为宗教、概念、普遍的东西统治着现存世界。不过一派认为这种统治是篡夺而加以反对，另一派则认为这种统治是合法的而加以赞扬。①

就此，我们不难发现，两派不愧都是黑格尔的嫡传弟子，用概念来阐发和把握现实，成为了他们的理论归宿。然而，被

---

① ［德］马克思、［德］恩格斯：《德意志意识形态》（节选本），人民出版社 2018 年版，第 9 页。

理论所阐发和把握的"现实",却早已不再是"现实",而仅仅成为一种"概念"。这样做的最终结果是什么呢?或许对于一个书斋中的学者来说,大约也没有什么太大的问题。特别是对于那些将哲学就看作是观念科学的意识形态家们更不是什么问题。

既然束缚人的枷锁不过就是宗教对人的观念所形成的枷锁,那么要拆除这些枷锁,对于这些德意志意识形态家们来说,就只需要在观念中去拆除这些观念的枷锁。话说到这里,大家的眼前是否已经浮现出堂吉诃德与风车相较量的场景呢?相信当时的马克思与恩格斯也一定想到了这一幕,只是马克思与恩格斯创造了一个更为贴切的形象来讽刺这群意识形态家,在他们开始对青年黑格尔派的批判之前,就对这一形象给予了一个生动的描述:

> 有一个好汉忽然想到,人们之所以溺死,是因为他们被重力思想迷住了。如果他们从头脑中抛掉这个观念,比方说,宣称它是迷信观念,是宗教观念,他们就会避免任何溺死的危险。他一生都在同重力的幻想做斗争,各种统计给他提供大量有关这种幻想的有害后果的新证据。这位

好汉就是现代德国革命哲学家们的标本。①

在这里，马克思和恩格斯的话似乎没有说完，如果我们接续着他的表述方式继续说下去的话，应该大约是这样的："假如这个好汉，有一天突然掉入水中，那么这位现身于对重力思想研究和批判的人，最终将溺水而亡"。马克思和恩格斯，似乎并不想把这样一个残酷戏剧的结尾如我一般赤裸裸的道说出来，但却把论证这一结尾的全部论据以最为充分的方式给出了。

对于空想的概念，现实的批判往往会给予其致命的一击。

① ［德］马克思、［德］恩格斯：《德意志意识形态》（节选本），人民出版社 2018 年版，第 4 页。

第八章

马克思版『人类简史』

——《德意志意识形态·费尔巴哈章》之三

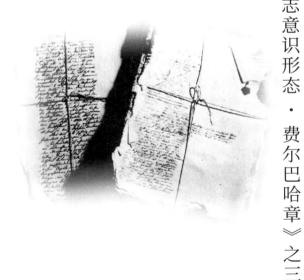

◆《德意志意识形态》手稿

今天，这部被我们奉为唯物史观之经典的《德意志意识形态》，在其诞生之日，却命运多舛。不过如果我们翻看这一文本，或许会觉得也情有可原。因为彼时的马克思与恩格斯正处于思想的形成期，那蓬勃而出的思想就如同青春期少年所邂逅的那份初恋：它就那么突然的、富有朝气、美丽动人地出现在少年的眼前，搅动着原本就丰富而冲动的心灵。但这份美好的爱情，却常常因为它过于炫目，以至于身处其中的人都无法真正地看清它、理解它，所以总难免有所错失。

当时的马克思和恩格斯，其实只是想写一点东西对自己旧有的哲学观念进行一次清算，因此，本来的主要目的是针对以往那些同伴们的思想进行一对一式的思想"对弈"，却不料在逐步的辩论与梳理当中，逐渐地理清了自己的理论立场和观点。就《形态》所呈现出的那种片段化的阐释方式来看，我甚至猜想当时的马克思与恩格斯的写作方式是生成性的，想到哪里就写到哪里，对手的论点在哪里，他们批判和论证的矛头就指向哪里。由此带来的结果是，这部著作在它刚刚完成的时候并没有找到合适的出版商，因为它所呈现出的似乎不过是对一群新近德国哲学同行的无情批判，出版商或者觉得意义不大，或者甚至出版商本身就同情那些被马克思无情批判的思想家，出版计划的搁浅也是情有可原了。

时光荏苒，当今天我们能够有条件完整阅读马克思所有的理论创造，在现在的时代背景下去回顾和思索并发现它的伟大意义的时候，它的表面却已经布满了被"老鼠的牙齿批判"的痕迹，部分书稿已经丢失、散落了，甚至书稿的顺序，在流传过程中都已经出现了混乱。相对于其他未出版的手稿，《德意志意识形态》的文献学研究成为争议最大的一部。所以如果大家拿到1926年的德文版、1932年的德文版，以及1965年由苏联的巴加图利亚重新编辑出版的俄文版的时候，会看到不同的编排顺序。

这个不同的顺序所组成的文本，很是神奇，由于它们的不同组合，竟然可以呈现出不同的思想内核。这种感觉就如同我们小时候玩的积木：一盒相同的积木，竟然可以搭建出完全不同的模型。当然也正因如此，才使得这部著作充满魅力。

不得不承认，这种文献学的争论太过繁复，我在这里实在是无力为大家呈现。因此，我选择了一个"偷懒"的办法，我将依据苏联的巴加图利亚所搭建的那一个模型来与大家讨论一下《形态》中最为人们所津津乐道的马克思的"唯物史观"。

我们总是说《形态》是马克思唯物史观形成的一个标志性的作品。但却在这一作品当中没有看到马克思提到过这个概念，更别说给这个概念一个确切的定义了。但这也许就是这一理论所特有的革命性。在我看来，马克思与恩格斯所给出的有关唯物史观的论述是无法归类的。

唯物史观是一种历史学吗？显然不是，因为它对于历史的描述相对于历史学的研究来说显得过于简单了，马克思和恩格斯竟然可以用三五段话，千把字的篇幅就勾勒出整个人类历史的发展脉络，而且略微读过这篇文献的读者一定会给我再补充上一句，马克思和恩格斯似乎还在犹豫不决当中，把同一历史过程用不同的语言讲了两遍，这显然不能算作严格意义上的历史学研究。

唯物史观是一种哲学吗？好像也不太像。它完全没有传统哲学中那些形而上式的追问，比如本体论意义上的世界同一性的问题，抑或是认识论意义上的主客体关系问题等，这些问题全部都在唯物史观之外。进入马克思与恩格斯视域当中的，是一群需要吃饭睡觉的现实的个人。

要知道，能够这样去看待"人"本身，在哲学家中实属罕见。因为在笛卡尔、康德与黑格尔的眼中，人都是一个个抽象的头脑，没有肉体也没有情感，有的只是冷血的理性。好不容易到了费尔巴哈，人的感性被承认了，人是有肉体的，并且懂得爱与恨，但这一感性的人，却又在费尔巴哈的直观当中变成了一个似乎是从石头缝里蹦出来的客观对象，虽然有肉体，却是一个没有发展与演化，也就是没有历史的人。这样的人，注定是不丰富的。

费尔巴哈的人，如同我们现在偶像产业中那些被精心设计出的所谓"人设"。一旦被设定为邻家女孩或清纯少年，那么人们有关这类人全部的想象就成为僵死的规定，一旦拥有着某种固定人设的偶像突然做出了不符合这些规定的行为，比如一个被设定为清纯少年的偶像突然被人发现会抽烟，他们的偶像事业就面临着巨大的危机，也就是我们常说的"人设崩塌了"。其实这就是费尔巴哈主义者们那种特有的抽象审视。因此，真正的马克思主义者们都不可能成为抽象的追星族。因为在马克思和恩格斯的眼中，所谓现实的个人，总是在特定历史情境下成长起来的人，因此同样面对着抽烟的清纯少年，马克思和恩格斯或许只会一笑了之，并不介意，毕竟这不过是这个少年丰富人生中的一个微不足道的小片段，又能怎样？

唯物史观因此是一种独属于马克思与恩格斯的新的理论创造。这一理论其实已经走出既有的学科分类，但它却是 19 世纪那个时代所能孕育出的一种思想类型。

马克思与恩格斯所生活的时代是独特的，因为它是人类第一次有意识的感觉到了一个新时代即将或者已经降临的时代。黑格尔曾经为这个作为初生儿的新时代的到来欣喜若狂，[①] 并

---

① 参见［德］黑格尔：《精神现象学》，先刚译，人民出版社 2013 年版，第 7 页。

认定人已经有了足够的理性能力能够认识历史的发展过程。大家要知道，认识自然是容易的，因为自然界中的那些花草树木毕竟就活生生地伫立在我们的眼前，供我们去研究，但认识历史却不那么容易。因为历史本就是人们自己的一连串活动构成的，这意味着理解历史其实就是人对自身的认知。苏格拉底就曾将德菲尔神庙上的格言"认识你自己"奉为经典。可见这一自我认知其实是一个极为艰难的过程，需要大智慧的帮助。

大约正因如此，历史科学，这个概念的形成经历了漫长的过程。17 世纪意大利的哲学家维科在《新科学》中初次提到了这个概念，却因为混杂的表述方式，未能真正给大家一种严谨的历史科学的研究进路。因此真正意义上的历史科学开始于黑格尔与马克思。但由于黑格尔对历史的关照带有着强烈的唯心主义色彩，因此，他所研究的历史的演进与发展似乎与人毫无关系：历史不是人的历史，而是概念的历史，是绝对精神的发展史，说白了，也就是一种理性神学的历史。只有马克思和恩格斯，用他们独创的唯物史观第一次真正为生活在尘世中的人的历史提供了一种阐释路径。唯物史观，在这一意义上成为了人第一次不借助于神学而对自己的活动给出一种理解的有效尝试。

马克思与恩格斯，在此，为我们撰写了一部 19 世纪德国人眼中的"人类简史"。

如果让没有阅读过《形态》的你去猜想一下，在这部"人类简史"当中的关键词是什么，你会不会脱口而出："生产"或者"生产力"？恰恰不是，对于马克思来说，支持这部"人类简史"的核心概念是"分工"。

为了摆脱意识形态家们对于历史的唯心主义阐释方式，马克思的唯物史观从一开始就在想方设法地阐明自己的唯物主义立场：

> 我们开始要谈的前提不是任意提出的，不是教条，而是一些只有在臆想中才能撇开的现实前提。这是一些现实的个人，是他们的活动和他们的物质生活条件，包括他们已有的和由他们自己的活动创造出来的物质生活条件。因此，这些前提可以用纯粹经验的方法来确认。①

_____

① ［德］马克思、［德］恩格斯：《德意志意识形态》（节选本），人民出版社 2018 年版，第 10—11 页。

马克思用近乎经验主义的方式所展开的这个前提需要一种经验主义的推演方式，即尝试匍匐在大地上的马克思所看到的人类的第一个现实前提，正是"有生命的个人的存在"①。但这个有生命的个人只有在"生产自己的生活资料"的时候才真正将自身与动物区别开来。在此，"生产"出场了，只是这个后来被马克思放入到唯物史观核心位置的概念在这一刻似乎还没有那么重要，因为在马克思看来，生产，仍有前提，这个前提就是人与人之间的交往。

于是，每一个民族交往发展的程度其实成了决定不同社会发展阶段的一个重要的指标。在马克思还不那么清晰的论述当中，这里所谓的"人与人之间的交往程度"、"生产力"、生产关系其实都被混淆着一起谈，显然，这个时候马克思和恩格斯还在做着各种理论的尝试。但似乎有点突然的，马克思和恩格斯，将那决定着交往程度抑或生产力的要素归结为"分工"，并迅速围绕分工，展开了他们特有的极为清晰的"人类简史"。

---

① ［德］马克思、［德］恩格斯：《德意志意识形态》（节选本），人民出版社 2018 年版，第 11 页。

首先，是概论：

分工，引发工商业劳动同农业劳动的分工，由此引发城市与乡村利益之间的对立。并同时引发了劳动中的个人之间的形成不同的分工。

分工的不同发展阶段，形成了所有制的各种不同形式。①

其次，是展开：

第一种所有制形式是部落所有制。它的特质是，分工不发达，人们靠着狩猎、捕鱼、畜牧，耕作等活动为生。社会结构因此不过是家庭的拓展版，包括父权制的部落，以及潜伏于家庭当中的奴隶制。

第二种所有制形式是古典古代的公社所有制和国家所有

_____

① ［德］马克思、［德］恩格斯：《德意志意识形态》（节选本），人民出版社 2018 年版，第 12 页。

制。在其中，城市诞生了。私有制产生了，但只是这个时候的私有制是公社所有制的一种反常形式。城市中的公民对于奴隶的占有形成了一个共同私有制，但总是仍不得不受到公社所有制的控制。平民小农向无产阶级转化，但无产阶级在这里仍然处于有产者公民和奴隶之间的中间地位，还没有获得独立的阶级意识。

第三种形式是封建的或等级的所有制。这一所有制的产生源于衰落的罗马生产力所遭受到的巨大破坏，农业衰败，工业销路一蹶不振，商业停滞或被迫中断。在日耳曼的军事制度的影响下，发展了封建所有制。它的主要形式表现在农村的土地所有制与农奴之间所形成的社会关系，以及在城市里，拥有少量资本的手工业者与学徒帮工之间形成的社会关系。在此，分工并不细致，相反，无论是农奴还是手工业者近乎包办了它所从事的行业的所有工作。比如一个鞋匠需要知道做一双鞋所需要的全部流程。但在此却似乎形成了一种相对固定的等级制。①

----

① ［德］马克思、［德］恩格斯：《德意志意识形态》（节选本），人民出版社 2018 年版，第 13—15 页。

以分工为轴心的"人类简史",到这里,戛然而止,在手稿的编排上,这个人类简史只能算是前资本主义时代的发展简史,在封建的或者等级的所有制之后,现代社会才刚刚开始,因此只能算作"人类简史"的上半部。

尽管如此,在已完成了的马克思与恩格斯版的"人类简史"当中,不知大家是否注意到了他们独特的理解历史的方式?人类历史的所有问题,看似以分工为轴心来加以呈现,但最终两位年轻的哲学家所试图说明的却总是在所有制背后一群人与另一群人之间的矛盾关系。

分工,其实没有什么问题,毕竟谁都不是全才,要活得更舒服些,分工协作是一个不错的选择;但由于分工,人与人之间不再是鞋匠与瓦匠之间的平等关系,而是变成了主人与奴隶的压迫关系,那就是无法容忍的了。

因此,在这半部"人类简史"中已彰显了马克思与恩格斯所特有的唯物史观的分析视角:在这一视角下,历史从不是一个歌舞升平的美丽传说,相反它从诞生之日就是充满血泪的一部斗争史。

第九章

农奴进城记

——《德意志意识形态 · 费尔巴哈章》之四

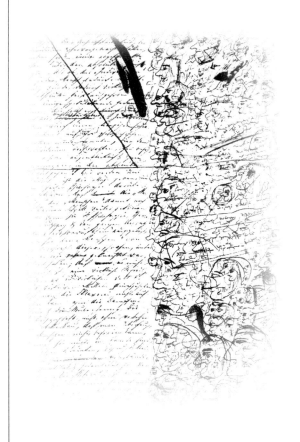

◆《德意志意识形态》手稿中的一页

在马克思和恩格斯写作《德意志意识形态》的 1845 年，一个新世界如同一个刚刚出生的婴儿一般，虽然露出了一脸童真的无辜，并给人们带来了新的希望，但围观它的人们，还并不能确定这个婴儿的未来模样与秉性究竟会怎样，它究竟是一个温文尔雅的谦谦君子，还是一个脾气暴躁的鲁莽之人，都还不得而知。甚至当时的人们都还不知道该给新世界取一个什么名字，于是很多人趋之若鹜地想给这个新生儿取个名字，因为所有人都已经感觉到这个新生儿对于彼时这个世界将产生一种从未有过的改变，为它命名，就是在为他们的未来命名。

这就可以解释为什么当时，有关历史本身的反思和批判，会占据着如此众多最聪明的思想家的头脑。但并不是所有的人在讨论历史的时候都具有近代德国哲学家们强大的历史感。我在这里所谈论的"历史感"并不是指那些历史编纂学家们给我们呈现出的历史事件的发展序列，比如，哪一年发生了哪些事，这种历史感，也不同于某些出色的历史研究者们所做的研究，我在这里所指的这种哲学家的历史感，具有这样两个很典型的特征。

第一，这种历史感，意味着历史与逻辑的统一。这种统一意味着什么呢？也就是说在哲学家的眼里，当我们谈论历史的时候，不一定按照时间的顺序来把所有历史上发生的故事都一一讲出来，而是总要为历史找出一个逻辑主线，甚至希望人类从茹毛饮血到今天机器大生产的年代，都能用这一条主线把它们全说清楚。比如，在《形态》时期马克思和恩格斯所运用的"分工"逻辑，黑格尔在他对人类的精神史、哲学史和历史的梳理中都没有放弃的"绝对精神"的发展线索等，都应算作这种历史感的显现。对于哲学家来说，一段历史哪怕延续千年，如果在他们各自的逻辑系统中找不到合适的位置，那就可以视而不见，变成为评书联播中常说的"一夜无话"。

第二，这种历史感是一群似乎能看得见未来的先知给看不见未来的平凡人所讲的一段故事。这究竟是什么意思呢？这意味着对于康德、黑格尔与马克思这些人来说，过去人类已经走过的一切都是在为未来做准备。这些哲学先知们告诉我们，人类社会的每一次变化都似乎隐隐包含着一个目的，并且这个目的，带有着理性的色彩，而理性的人总是会自然而然地认为，我们每一天都要日有所进，世界会越变越好，每个人都应有更多的自由和平等，等等，这是一种进步主义的观念，它与当时逐渐盛行起来的达尔文主义具有异曲同工之妙。于是这时候的哲学家们研究历史的目的，从来不是为了帮着历史学家们找寻什么历史的真相，而是要说明那个隐蔽的理性所具有的强大的力量，这一理性究竟是如何让现在的人变成一个未来的更好的人。

于是康德在《人类历史的起源臆测》的最后一段，这样写道：

> 哲学所探讨的一部人类最古老的历史的结论便是这样：应该满足于天意，应该满足于人间事务全体的总进程，这个进程并不是由善开始而走向恶，而是从坏逐步地发展到好；对于这一进步，每一个人都受到大自然本身的召唤

来尽自己最大的努力做出自己的一份贡献。①

还是康德坦诚，将哲学家考察历史的真正目的说的一清二楚。我不确定马克思是否读过康德这些文字，但显然这一想法对于当时从事哲学研究的德国学者来说可能是一个共识，所以当马克思将他所有有关哲学的思考都放入到对人类历史的分析的时候，他知道他所做的从来都不是一项历史学的研究，而是在建立一个包含着强大历史感的哲学世界观。所以历史的细节，全部都在他大而化之的讲述当中被括在括号里，这一点在阅读《形态》的时候，最为明显。

马克思和恩格斯在《形态》中一次次不断回到有关人类历史的反思和批判当中，用分工的逻辑讲了一遍历史发展的逻辑，用生产的逻辑又谈了一遍历史发展的逻辑，然后生产力被提出来，它和人与人的交往形式之间的关系又成为一条主线，人类历史发展逻辑又一次被叙述了一遍。马克思和恩格斯之所以不厌其烦，目的只有一个：那就是以"试错式"的方式一次

---

① ［德］康德：《历史理性批判文集》，何兆武译，商务印书馆1990年版，第78页。

次尝试用一种充满历史感的逻辑线索来贯穿人类过往的全部历史事实。

在《形态》的第四部分，我们将再一次读到马克思与恩格斯关于历史发展逻辑的又一次讨论。这是一段仍然基于分工的讲述：其中，物质劳动与精神劳动的分工所带来的一次巨大的空间变化成为了这一讲述的重要开端——这一空间的变化就是，由于物质劳动和精神劳动的分工，城市与乡村分离了。

因为这一部分是一个残篇，所以我们可以确定的是，一定有几页稿纸因遭到了"老鼠牙齿的批判"而毁于一旦，我们不能确定的是，被毁的那几页究竟说了什么。唯一可能判定的是，这是马克思与恩格斯对于大工业社会来临之前人类生活方式的一种描述。

然而这些描述，在城乡的空间分离之后，的确也变得不再重要了。

城乡之间的对立是随着野蛮向文明的过渡、部落制度向国家的过渡、地域局限性向民族的过渡而开始的，它贯

> 穿着文明的全部历史直至现在……城市已经表明了人口、生产工具、资本、享受和需要的集中这个事实；而在乡村则是完全相反的情况：隔绝和分散。①

在这一段话当中，我们注意到这样一个有趣的要点：那就是新旧两个时代之间根本性的差异，在此变成了一个城市与乡村之间的空间差异。它们之间有着近乎直观意义上的不同，而这种不同所昭示的竟然是野蛮与文明、部落与国家等这些在时间序列中不可逆转的新旧两个时代的特征。如何更为准确地把握这种根本的差异呢？马克思与恩格斯再一次展现出哲学家的偏好，用两个概念之间的对立来表达这种根本的差异：

> 城市和乡村的分离还可以看做是资本和地产的分离，看做是资本不依赖于地产而存在和发展的开始，也就是仅仅以劳动和交换为基础的所有制的开始。②

---

① ［德］马克思、［德］恩格斯：《德意志意识形态》（节选本），人民出版社 2018 年版，第 50 页。

② ［德］马克思、［德］恩格斯：《德意志意识形态》（节选本），人民出版社 2018 年版，第 50 页。

大家注意了，在我眼中，《形态》中所提到的这个"资本"概念，不同于在此之前也出现在马克思文献当中的"资本"概念。"资本"发生了脱胎换骨式的变化：如果说此前，"资本"只是活跃在社会经济运行当中一个重要和必要的环节，比如说，"资本"对于资本家而言是他进行生产的必要储备，没有这个作为本钱的资本，生产是无法展开的。但现在，当马克思将资本提升为对所有城市之特质的概括的时候，资本，可就不再是什么为了生产所攒下的本钱，它从根本上说是马克思和恩格斯对于城市生存方式的一个命名，也就是对一个新时代的命名。

在此，两位年轻人虽然还没有来得及明确他们这个重要的命名，但却已经朦朦胧胧地意识到了"资本"——这个分工逻辑所产生的最直接的后果，需要成为他们思考新时代的新的逻辑主线。

不知大家是否还记得马克思和恩格斯借助于分工逻辑所展开的历史叙述，他们在关于所有制的划分当中，只是讲到了封建的和等级的所有制，这种社会形态，比较适用的是法国大革命前的欧洲，或者更为久远一些，适用于《权力的游戏》中所表述的那个欧洲，而不是马克思和恩格斯生活的欧洲。

大革命以后的欧洲，自由、平等与博爱的理性精神已成为普遍的共识。封建的贵族尽管没有退出历史舞台，却也是到了穷途末路之处。社会的新贵是一些懂得如何用钱生出钱的新兴资产阶级。或许在很多贵族的眼中，他们是一群不知什么时候、突然从地缝里钻出来的人，因此，他们还没有意识到正是这些人在创造一个新世界。

马克思和恩格斯是看得见未来的哲学家，他们发现了这群人所具有的重要力量，因此，在他们对于他们所处的那个新时代进行考察的时候，所有看似重大的历史事件都消失了，进入他们视野的是这样一群人，他们最初是被束缚在土地上的农奴，是在村里生活的村民。在欧洲封建时代，农奴甚至没有什么人身自由，他们完全依附于封建领主对他们的占有和统治。

但不知为什么——至少马克思和恩格斯没有告诉我们为什么——一群农奴逃入了城市。那些怀有一技之长的农奴开始用自己的劳动，加上随身携带的一点点劳动工具，开了一个个作坊式的手工工场。手艺人成为了城市中最初的劳动者和资本家。最初资本家与劳动者近乎统一在一个人的身上，但随着更多的农奴逃离了乡村、融入城市，后来的农奴进城之后，为了寻求必要的帮助和庇护，只好加入到更早进城的农奴所开设的手工工场。

　　最初这些农奴们是以师徒相称，但他们之间所形成的人身依附关系却并不如依赖于血统所形成的等级社会那么牢固，毕竟他们都知道，在进城之前，他们都曾是遭受压迫的农奴，从这一意义上说，他们是平等的。于是徒弟对师傅的暴动，以及那些后来不断陆续进城的村民所形成短工们的暴动，在城市刚刚兴起的时候就频繁发生。

　　但这些暴动与之前的暴动之间有着本质的不同，徒弟与短工的梦想不过是想成为师傅，所以他们"革命"的目的不是去管理城邦，而是夺取被师傅所掌握的"资本"，并替代师傅，成为资本家。

　　资本，不是货币，是能带来新的货币的货币。因此，资本有一个形象的话，我想一定是吸血鬼。而且是马克思所描述的那种"每个毛孔都流着血和肮脏的东西"的那个吸血鬼。如果这个吸血鬼需要一个宿主的话，那么就是资本家。说到这里，我好像把刚刚兴起的现代城市描述得如同一个鬼城了，好像好好的一群人进了城就变成了吸血鬼了。其实现实的情境并不是如此，在一个封闭的封建村落刚刚被打破之后，虽然产生了一系列的动荡，但经济生活却因为出现了这样一群仅仅追求钱财的资本家而充满了活力。

在此，马克思和恩格斯不仅讲述最初资本家的形成过程，同时还区分出了资本形态自身的发展历程：

首先，最初在手工工场中形成的资本，大多是一种"等级资本"："这种资本和现代资本不同，它不是以货币计算的资本——用货币计算，资本体现为哪一种物品都一样——，而是直接同占有者的特定的劳动联系在一起、同它完全不可分割的资本……"[1] 这是什么意思呢，我举个例子，大家就明白了：一个做鞋的老师傅，掌握着做好一双鞋的独门绝技，他开制鞋铺

---

① ［德］马克思、［德］恩格斯：《德意志意识形态》（节选本），人民出版社 2018 年版，第 52 页。

子的资本就包含着他的这份手艺，离开这个手艺，再多的钱投入进来，鞋铺也做不出好鞋子。老鞋匠的这个手艺就是等级资本。

但由于分工的进一步发展，产生了生产和交往的分离，一部分人专门从事生产，如老鞋匠；一部分人专门从事交往，比如推销鞋子的人，后一部分人不断发展就形成了一个特别重要的阶级，叫作商人阶级，他们的存在让产品的流通不成问题，但他们却倒逼着生产方式发生变化——小作坊式的全盘掌控式的手艺活必须被替换成多个人共同协作的方式。至此，现代工人的生产方式在其中已经形成了。

由此，等级资本转变为了商人资本，这种商人资本，在最初的时代就是一种现代意义上的资本。并在这种资本数量的激增过程中，商人资本最终总会与最初的自然的等级资本相结合，形成一个真正意义上的现代资本。

马克思和恩格斯，在此时对于现代资本形成的一个基本判定，还没有任何政治经济学的基础，他们判定的根据是人与人之间所形成的社会关系的变化，也就是那曾经是帮工与师傅之间的人身依附关系被工人与资本家之间赤裸裸的金钱关系所替代了。

讲到这里，大家有没有觉得这个资本发展史，一方面，很琐碎，甚至都讲到帮工怎样暴动，另一方面，似乎又太简略了，一个阶级的诞生，好像两句话就说完了。在此，并非是我不想多说，只是我不想更多地超出马克思和恩格斯的文本给大家说更多，在《形态》中马克思与恩格斯所做的就是这种基于资本逻辑而构筑的哲学反思，在这一哲学中，他们所关心的只有两件事：第一，这个被称之为资本时代的新时代是如何形成的？因为只有说明了这一点，他们才能为资本时代的人们指出一条颠覆资本、通向未来的道路；第二，在这个资本时代的人们是怎么生活的，靠什么生活，他们所构筑的特有的人际关系是怎样的，因为只有说明了这一点，他们才能真正找到这个资本时代的掘墓人。

第十章

猎人、渔夫、批判者与一个共产主义者的理想生活

——《德意志意识形态·费尔巴哈章》之五

Max Stirner.

Nach der Erinnerung gezeichnet
von Friedrich Engels.

London 1892.

◆ 麦克斯·施蒂纳（1806—1856），德国唯心主义哲学家，青年黑格尔派代表人物。
图为施蒂纳头像，上面的德文题词为："麦克斯·施蒂纳。弗里德里希·恩格斯
凭记忆绘，1892 年于伦敦。"

在 1845 年的那个春天，马克思和恩格斯之所以与他们的思想伙伴们展开斗争，并非完全出于一种理论的兴趣，更是现实实践的需要。被他们批判的青年黑格尔派们，除了费尔巴哈还带着点执拗的学院派气息之外，其他的人，都是积极参与社会变革的行动者。尽管他们的参与方式与马克思一样（用笔来战斗），但无论是他们所撰写的评论和通讯，还是他们的学术著作，都带有对当下资本主义时代的一种批判和反思。因此，他们实际上不仅是思想上的激进派，同时还可能是潜在的革命者。

于是，他们不仅被叫作"青年黑格尔派"（因为这个名字有些太学院气，并不那么响亮），在现实生活中，他们还常常被称之为真正的社会主义者，或者共产主义者。这个在我们今天听起来也不那么接地气的名称，在当时却似乎很受欢迎。他们中的那些口才极好又乐于做演讲的人，甚至拥有着大批的粉丝。他们中的不少人，比如，激进地近乎有点鲁莽的威廉·魏特林，这个以裁缝为业的一个手工业者，在欧洲思想界竟然拥有举足轻重的影响力。他的影响力究竟大到什么程度呢，他竟然有机会被邀请到当时社会主义、共产主义思想的一个汇聚地，马克思的书房当中，来参加当时一群社会思想大咖的聚会，并得到了马克思的关注，两人之间甚至还直接发生了一次思想的交锋。这一交锋被当时参加这一聚会的一位富商，也是俄国革命者巴维尔·安年科夫生动地描绘了出来：

> 恩格斯发言还没有完，马克思抬起了头，转向魏特林，说道："告诉我们，魏特琳，你在德国的宣传制造了这么大的声音：你证明自己行动合理性的根据是什么？将来你打算把它建立在什么样的基础上？"

听到这个突然到来的问题，一贯善辩的魏特琳突然变得语无伦次起来。但他还是基本表达了一下他的观点：

目标不是要创造一些新的经济学理论，而是要用那些非常正确的理论（正如法国实践所表明的）打开工人们的视野，看到他们的令人恐怖的境况和一切不合理现象……教给他们根本不要再去相信统治者的任何承诺，而只有依靠自己，以民主的和共产主义的团体形式组织起来。

马克思似乎很不满意，中途便打断了他的发言，并充满讽刺意味的反驳道：

为了不给人们的行动以任何坚定的、深思熟虑的理由而唤醒他们，就要完全地欺骗他们。……无法实现的希望的发生只能导致受苦者最终的毁灭，而不是他们的得救。唤醒工人如果没有一种严格科学的思想或建设性的学说（尤其在德国），那么这就等于宣传空洞的、骗人的游戏，他一方面冒充为富有灵感的预言者，而另一方面只不过是裂开的肛门……①

---

①　以上引文叙述均转引自［英］戴维·麦克莱伦：《马克思传》，王珍译，中国人民大学出版社 2016 年版，第 154—155 页。

这一系列的表述被安年科夫记录下来，马克思依旧还是那么的敏锐，对白之间任何人都能直接感受到那扑面而来的思想的刀锋。在那充满戏谑的表述当中，我们仿佛看到了马克思咄咄逼人的目光。据说魏特林也被这样锋利的言语激怒了，更大声地为自己那种没有方针、只有激进行动的战斗辩护，最终惹得马克思失去了控制，安年科夫这样描述道：

> 马克思"'砰'地一声把拳头砸在了桌子上，桌上剧烈地摇动起来。他'呼'地站起来，说道：'无知还从来没有帮助过任何人！'"[1]

大家或许会觉得奇怪，在我们正在讲述的《德意志意识形态》中没有魏特林的位置，他在马克思和恩格斯所留下的文本当中并不是一个特别值得认真对待的对手，但我为什么会在这里为大家呈现这一段他与马克思的论辩呢？当然不仅仅是为了告诉大家马克思在思想观点上的固守与坚持，而是想用最为直接而鲜活的方式让大家自己去感受，马克思和恩格斯，作为两

---

[1] ［英］戴维·麦克莱伦：《马克思传》，王珍译，中国人民大学出版社 2016 年版，第 155 页。

个同样谈论共产主义的人与当时的那些所谓真正的社会主义者和共产主义者的根本区别是什么。而这一区别的理论表达在《形态》中却着实占有不小的篇幅。

我们要知道，尽管魏特林所代表的似乎是一种激进的行动派，而在《形态》中被马克思着力批判的却是一些如费尔巴哈、鲍威尔和施蒂纳般痴迷抽象概念的哲学家，但其实他们在马克思的眼中都是一回事，为什么？因为他们都对改变现实的具体条件没有真正的研究。魏特林所知道的只是一些可以被一眼看到的人民疾苦，并由此激发出一种近乎出于本能的行动冲动。

马克思之所以厌弃魏特林的做法就是因为他实际上否定了一切理论的力量，结果会使现实的斗争变成了一种情绪化的宣泄，没有特定的方向，那么它注定无法回答那所谓"娜拉出走之后究竟会怎样"的问题。而那些被马克思所批判的意识形态家们也是一样的，他们把人视为抽象的人，并将社会主义与共产主义仅仅视为精神世界中一种高尚的理想。结果是，这些意识形态家们丧失了革命的热情，而去宣传了一些普遍的人类之爱。两种人，看似一个在行动，一个在幻想，但在马克思眼中，都不过是真正的社会现实的无知者。

马克思和恩格斯这个时候也被称为共产主义者，从《1844年经济学哲学手稿》（以下简称《手稿》）开始，共产主义，这个说法就出现在马克思的文字当中，成了他关注的对象。但如果说在《手稿》当中，共产主义还停留在一种哲学的原则高度上；那么在《形态》当中，马克思和恩格斯笔下的共产主义则似乎获得了一个脱胎换骨式的转变，它彻底抹去了意识形态家们所特有的思辨底色，它不再是在"应当"世界中任意翱翔的虚幻梦想，而是一种介入社会现实的社会运动。

马克思和恩格斯在《形态》中，这样来表述这一转变：

> 共产主义对我们来说不是应当确立的状况，不是现实应当与之相适应的理想。我们所称为共产主义的是那种消灭现存状况的现实的运动。这个运动的条件是由现有的前提产生的。①

大家一定要注意在这段有关共产主义的表述当中，有三点

①　［德］马克思、［德］恩格斯：《德意志意识形态》（节选本），人民出版社 2018 年版，第 31 页。

与我们经常挂在嘴边的那个共产主义并不相同：第一，共产主义并不是一个遥不可及的理想，否则它就如同一个崇高的至善一样，不能被常人所期望。第二，共产主义，在此时的马克思和恩格斯看来，甚至都不是一种社会形态，它是一场消灭现实的社会运动本身，也就是一场改变世界的政治运动。第三，共产主义这场运动，不是凭空用嘴说说就能发生的，它需要基于现实条件，这个条件所包含的是马克思和恩格斯在这个时期所阐发的以分工为逻辑主线所展开的唯物史观。

正如我在这里已经反复强调的那样，唯物史观是一种哲学，现在我则进一步作这样一个判定，唯物史观是马克思用以改变世界的特有哲学，也可以说是他所热衷讨论的实践的唯物主义的一种变形。

无论以分工、生产，还是以资本为逻辑主线，唯物史观中所谈论的"历史"从来不是那些曾经发生的历史事实究竟是什么，这是马克思与那些历史学家们最大的不同；相反，唯物史观所试图说明的是朝向未来的社会运动的现实条件是什么。希望大家还记得我在前几讲中给大家讲过的那个朝向未来的"历史感"，以这种历史感所构筑的历史哲学都试图呈现一种社会现实发展可能的过程和方向，但只有马克思和恩格斯的唯物史观，不仅想呈现社会未来的发展方向，他们还想进一步说明现实生活中的人们在这个浩浩荡荡的历史大潮当中能够做些什么。而我们这些现实的个人，都是被"抛到"此时此刻某个时代的一员：我们所能做的，其实也只是我们这个时代能让我们做的。

今天我们似乎做出各种努力来对抗人工智能对人类生活的威胁，但一个生活在清朝的人无论如何都不可能想到有一天，我们的敌人可能不是活生生的另一个人，而是一架由我们自己创造的机器。这就如同让他们理解静静站立在屋里的大挂钟有一天突然活过来与他们战斗一样，极为荒诞。这种不可理解，都是由于特定的时代所给予他的限制。

唯物史观所要研究的就是每个时代所特有的现实条件，以及那些生活在每个时代的人们如果想改变那个世界究竟能做点什么，从这一意义上说，共产主义作为一场社会运动，它需要关注的重心就在于这一社会运动得以实现的现实条件。

对这个现实条件的研究，实际上已经成为了马克思和恩格斯从《形态》开始所完成的一个理论转向，目的只有一个，就是避免魏特林之流的"无知"：现实需要改变，但改变现实的行动需要"合理性的依据"，需要理论上的反思和指导。只是此刻，不得不说，马克思和恩格斯所能提供的合理性依据相比于马克思后来在《资本论》及其手稿的研究中所做的深入分析还缺乏一些真正的科学性，马克思和恩格斯此刻所讲出来的东西，仍然令人感觉有些随意。

比如，根据生产逻辑，生产力与交往形式的关系成为了界定不同时代的一种重要视角，在这一视角下，马克思认为共产主义运动要真正行之有效的实践出来，它的现实条件就是普遍的交往。这是什么意思呢，就是说，"每一个民族都依赖于其他民族"，"地域性的个人为世界历史性的、经验上普遍的个人所代替"①。

如果大家还不明白是什么意思，那么我只好用一个我们这个时代背景下都很熟悉的表述来说一下这种状态了：所谓的普

①　［德］马克思、［德］恩格斯：《德意志意识形态》（节选本），人民出版社 2018 年版，第 31 页。

遍的交往，不过就是告诉我们，不管我们愿不愿意，我们都已经进入全球化的时代。而在马克思和恩格斯看来，当这个全球化时代到来之后，共产主义运动就可以真正行动了，因为马克思和恩格斯非常肯定地说："共产主义只有作为占统治地位的各民族'一下子'同时发生的行动，在经验上才是可能的。"

大家是不是感觉这个说法还是一些"原则"，尽管这个原则比《手稿》时期似乎更经验了一些，但好像还是不太接地气。大约马克思和恩格斯也有我们同样的感受吧，所以，他们也很努力地试图用一些更接地气的说法来弥补一下。于是在分工逻辑所勾勒的历史过程中，针对分工所带来的人的异化，马克思和恩格斯提出了一个扬弃这一异化的未来社会的样子，讲得十分生动形象，因此也变成了一段最为著名的有关共产主义社会的"白描"：

> 原来，当分工一出现之后，任何人都有自己一定的特殊的活动范围，这个范围是强加于他的，他不能超出这个范围：他是一个猎人、渔夫或牧人，或者是一个批判的批判者，只要他不想失去生活资料，他就始终应该是这样的人。而在共产主义社会里，任何人都没有特殊的活动范围，

而是都可以在任何部门内发展，社会调解着整个生产，因而使我可能随自己的兴趣今天干这事，明天干那事，上午打猎，下午捕鱼，傍晚从事畜牧，晚饭后从事批判，这样就不会使我老是一个猎人、渔夫、牧人或者批判者。①

不知你读到这一段有关共产主义的"白描"，是不是会露出会心的笑容。尽管今天的我们已经不再能做猎人、渔夫或牧人的工作了，但我们却可以想象自己可以任性的早上写小说，下午看电影，傍晚打游戏，晚上聊天看视频。总之就是想做什么就做什么，不会因为不得不去挣钱养家糊口而劳碌奔波，这难道不是所有人都向往的生活吗？在这一意义上说，《形态》中为我们"白描"出的共产主义的理想生活，直至今天都还很有吸引力。而这也以另一种方式告诉我们一个极为残酷的现实：时至今日，全球化的时代，我们的生活似乎还陷入在分工的异化当中不能自拔呢！

我们如何真正消灭分工，什么时候又该怎样真正让世界

① ［德］马克思、［德］恩格斯：《德意志意识形态》（节选本），人民出版社 2018 年版，第 30 页。

"一下子"同时实现共产主义？这些马克思和恩格斯在《形态》中都还没有给出科学的解答。我们还要耐心等待，等待马克思真正开始用政治经济学批判的解剖刀去剖析资本主义的时候，才能真正获得它的科学答案。

第十一章

为了不被忘却的纪念：有关
『共产主义者同盟』二三事
——《共产党宣言》之一

◆《共产党宣言》手稿的一页，头两行为马克思夫人燕妮的手迹。

　　1885 年，已经年过五十的恩格斯提笔为《社会民主党人报》写了一段回顾共产主义者同盟历史的文章，文章题目朴实无华，就叫作《关于共产主义者同盟的历史》。写作此文的直接目的已不可考，但从这篇文章的行文当中，我总觉得，大约如同当年鲁迅先生对于刘和珍君的纪念，也是一篇为了不被忘却的纪念吧。因为对于共产主义者同盟而言，这个组织在历史上的意义是巨大的，正是因为这个同盟的改组，诞生了首部共产主义理论的传世之作：《共产党宣言》。

　　根据恩格斯的记载，由于该组织成员在 1852 年纷纷被审判入狱，对于这段历史的书写最终竟然是由两个分别叫作维尔穆特和施梯伯的德国警棍所写的，他们究竟写了什么，今天的我们不想看也似乎看不到了。但仅根据他们书写这段历史的那部书的题目，大约也能知道他们是如何歪曲这段历史的，那部书的题目叫作《19 世纪共产主义者的阴谋》，分上下两册，分别出版于 1853 年和 1854 年。

历史，在此真的成了任人装扮的小姑娘。需要有人站出来说明真相。恩格斯，这位早在 1843 年就被邀请介入其中的同盟积极分子，当然是澄清真相的不二人选。

今天就让我们一起跟着恩格斯，穿越时空的阻隔，回到 19 世纪 40 年代，去重温那段激情燃烧的岁月，去旁观一下当时所发生的故事吧。

1836 年，一群激进的德国流亡者在巴黎成立了一个秘密组织，叫作"正义者同盟"。它与当时活跃在法国的各种秘密团体一样，主张财产公有，并将人的绝对平等作为组织的宗旨。最初他们总是密谋一些起义和暗杀，所以这个组织最初的领导者在恩格斯的笔下，没有丝毫的书生气，一个个似乎都是勇猛战将。比如，恩格斯这样描写当时的领导人之一卡尔·沙佩尔："他身材魁伟，果断刚毅，时刻准备牺牲殷实的生活以至生命"；而同盟的另一位领导者约瑟夫·莫尔，这位科隆的钟表匠, 则是个"中等身材的大力士——他曾同沙佩尔一起(屡次!)成功地抵挡住成百个企图闯入厅内的敌人"①。

正义者同盟这样的宗旨注定让它处于半地下的状态, 据恩格斯说, 当时同盟在各地建立的"聚会点"总是很隐蔽的, 甚至有时候会以歌咏团和体操协会的名义来组织聚会。成员被各国政府驱逐出境, 也是常有的事。但这个原本让人感觉很糟糕的情境, 在恩格斯的笔下却变得那么云淡风轻, 并带有一点冷幽默的味道:

> 联系主要靠不断来往的盟员来维持, 这些盟员在必要时也担任特使。在这两方面, 各政府的聪明才智给了同盟很大的帮助, 这些政府把他们看不惯的工人——十有八九是同盟盟员——全部驱逐出境, 结果就把他们变成了特使。②

当然这个带有空想色彩的德国革命团体总是需要某种"主

————————

① [德]马克思、[德]恩格斯:《共产党宣言》, 人民出版社 2018 年版, 第 96 页。

② [德]马克思、[德]恩格斯:《共产党宣言》, 人民出版社 2018 年版, 第 97 页。

义"来作为凝聚组织成员的思想资源，在马克思与恩格斯被接纳之前，魏特林的共产主义思想影响颇大。大家是否还记得这个颇有些辩才的德国裁缝？他曾出现在马克思家的沙龙中，被马克思痛斥他没有为行动提供必要的科学依据。现在，这个总是热衷于密谋的正义者同盟以魏特林主义为指导思想，证明马克思对魏特林的判断实在精准得很。

恩格斯在如实记录下这段历史的同时，却也以极为隐晦的方式对这种正义者同盟痴迷于魏特林主义给出了另一个更为幽默的解释：魏特林思想对同盟成员有如此大的吸引力，或者正是因为同盟成员大多都是魏特林的同行。当然这个因果关系，是我从恩格斯的行文当中武断地推理出来的。儒雅绅士恩格斯从没有直接将两者勾连起来，但他却在讲到魏特林的时候轻描淡写地说了这样一句："同盟的骨干是裁缝。"

并随后附带着描述了一下当时德国裁缝在欧洲所占据的主导地位：

> 德国裁缝在瑞士，在伦敦，在巴黎，到处都有。在巴黎，德语在裁缝业中占有如此主要地位，以至于1846年

我在那里认识的一个从德隆特海姆乘船直达法国的挪威裁缝，在一年半内几乎没有学会一个法文字，而德语却学得很好。1847 年，在巴黎各支部中，有两个支部成员主要是裁缝，有一个支部成员主要是家具工人。①

恩格斯用一部同盟的历史不经意间为我们展示了 19 世纪 40 年代欧洲无产者的生存状态。这些原属于手工业者的城市贫民，在工业革命过后，都直接和迅速地成为工厂中的工人阶级，他们离开直接生养的土地，因此从一开始似乎就与他们所生活的这个被叫作"城市"的地方格格不入。这样一来，当大工业的生产方式将他们彻底裹挟进去，变成工业生产不可或缺的一个环节之后，他们的劳动一方面将极速增加这个城市的财富，但同时他们也成为了从内部攻破这个工业化体系的中坚力量。这些从事裁缝、家具生产的手艺人，就是资本主义未来的掘墓人。

只是此刻的他们，作为一个阶级，还未成熟，这种不成熟表现在这样两个方面：一方面，现实中他们还没有真正沦为大

_____

① ［德］马克思、［德］恩格斯：《共产党宣言》，人民出版社 2018 年版，第 98 页。

机器生产时代的资产阶级剥削的对象，也就是说他们还没有进入工厂，站在机器旁边做工人。为什么进工厂当工人这么重要呢？原因很简单，因为他们只有进入工厂，才真正懂得现代社会的经济究竟是如何运转的，也因此才能找到他们真正要斗争和消灭的对立阶级究竟是谁。此刻，分散的工作方式，其实让他们还处于盲动状态。

而另一方面，他们还缺乏一个真正懂得现代社会经济架构的理论家，能够做他们行动的大脑，勾勒他们的生活状态，为他们指明革命的对象和方向。这个理论家，不能是所谓受到神启的先知，也不能是一个只懂得拿着武器与对手肉搏的大力士，他需要极为冷静的头脑和分析，并拥有富有穿透力的思想体系。

1847 年，那位能将百十个敌人挡在门外的大力士莫尔到布鲁塞尔找到马克思，接着又到巴黎找到恩格斯，代表同盟力邀马克思与恩格斯加入同盟。虽然之前恩格斯已经与这个组织接触了很多次，但却似乎看到了这个同盟充其量不过是一个密谋闹事的德国兄弟会，因此似乎并不那么热衷于进入同盟。但此刻已经初步完成了唯物史观建构的马克思与恩格斯，却已经清楚地认识到他们的理论不是书斋中的学问，恩格斯对此作了充分的表述：

我们决不想把新的科学成就写成厚厚的书，只向"学术"界吐露。正相反，我们两人已经深入到政治运动中；……我们有义务科学地论证我们的观点，但是，对我们来说同样重要的是：争取欧洲无产阶级，首先是争取德国无产阶级拥护我们的信念。①

一种新的理论期待着理解和担当它的阶级，而一个阶级的斗争又急需一种理论的指引，因此思想与现实的邂逅是一种命中注定。

于是 1847 年夏天，在伦敦举行的同盟第一次代表大会上，恩格斯代表巴黎支部参加了会议，并实际上参与了对同盟的改组。正义者同盟随之终结，取而代之的是共产主义者同盟。在这一新名称之下，同盟的目标被修改成为："推翻资产阶级，建立无产阶级统治，消灭以阶级对立为基础的资产阶级旧社会，建立没有阶级、没有私有制的新社会。"② 同年 11 月底至 12 月

---

① ［德］马克思、［德］恩格斯：《共产党宣言》，人民出版社 2018 年版，第 102 页。

② 参见［德］马克思、［德］恩格斯：《共产党宣言》，人民出版社 2018 年版，第 105 页。

初，在第二次代表大会上，马克思终于出席了，这一次，马克思如同出使东吴的诸葛亮，经过一场场的舌战群儒，新的同盟真切地见证了马克思与他创立的唯物史观所具有的强大阐释力，恩格斯这样说：

> 所有的分歧和怀疑终于都消除了，一致通过了新原则，马克思和我被委托起草宣言。宣言在很短时间内就完成了。[①]

众所周知，这个在很短时间内就完成了的宣言，这个似乎不经意间的委托，却催生出共产主义运动历史上最为经典而伟大的著作：《共产党宣言》。

与此同时，同盟的旧口号："人人皆兄弟"也被新的战斗口号所替代，这就是后来出现在《共产党宣言》最后掷地有声的那一句名言：

"全世界无产者，联合起来！"

---

① ［德］马克思、［德］恩格斯：《共产党宣言》，人民出版社 2018 年版，第 106 页。

第十二章

二十年欧洲革命『大』事件的『小』历史

——《共产党宣言》之二

◆ 起草《共产党宣言》（木刻）张怀江

　　《共产党宣言》的德文单行本于 1848 年 2 月底首次在伦敦出版。这个时间点很重要，仿佛是一个历史的巧合，就在《共产党宣言》出版的同一时间，即 1848 年的 2 月 22 日，法国爆发了著名的"二月革命"。

　　不得不说，在欧洲的革命史上，有两个二月革命对历史产生了巨大的影响力：其一，是与《共产党宣言》发表的同一年发生的法国二月革命。其二，则是爆发于 1917 年儒略历 2 月（即公立 3 月）的俄国二月革命。两次革命都推翻了帝制。只是在法国，这一革命在推翻帝制，并建立了法兰西第二共和国之后不久却迎来了另一个颇有戏剧性的反转，这一共和国的一位特殊的总统，路易·波拿巴，法国皇帝拿破仑·波拿巴的侄子，在五年后再一次复辟帝制，成为法国历史上最后一位皇帝，而我们的马克思也因此事件的爆发而撰写出了他最为精彩的政论性文献：《路易·波拿巴的雾月十八日》。

与此不同的是，爆发于俄国的二月革命，真正终结了俄国的帝国时代，其后所引发的社会动荡最终成就的不是复辟，而是更为彻底的社会主义革命，也就是 1917 年的十月革命，并由此建立了人类历史上第一个社会主义国家。因此，在我的眼中，这两个闻名于世的"二月革命"都或多或少地与马克思思想有着密不可分的关联。我们今天所要谈论的主角《共产党宣言》近乎是法国二月革命所发生的那个年代的一个必然产物。

著名英国历史学家艾瑞克·霍布斯鲍姆在他所撰写的断代史系列当中，将 1789 到 1848 年称之为"革命的年代"，他是这样来界定这个革命年代的起始点的："这个历史性的时期，是以兰开夏建立现代世界的第一个工厂制度和 1789 年的法国大革命为开端，而结束于第一个铁路网的设立和《共产党宣言》的发表。"①

① ［英］艾瑞克·霍布斯鲍姆：《革命的年代：1789—1848》，王章辉等译，中信出版社 2014 年版，第 5 页。

　　由此可见，《共产党宣言》绝非仅仅对于马克思思想发展史来说是重要的，它在某种意义上，成为了一个历史的分水岭。它所产生的影响在当时就已经显露了出来。不同于马克思其他晦涩的哲学著作，这部《宣言》出版不久，它所蕴含的巨大力量立刻就显现了出来：一方面，它被迅速翻译成多国语言；另一方面，它也立刻成为激发革命者革命热情的缪斯。长久以来，各国在接纳马克思主义的过程中，《共产党宣言》都是绕不过的。

　　以至于时至今日，当我们翻开《共产党宣言》的时候，我们首先看到的是恩格斯为这部宣言在不同时期所写的 7 个序言，它们分别是 1872 年、1883 年、1890 年的德文版序言、1882 年的俄文版序言、1888 年的英文版以及 1892 年的波兰文序言，和 1893 年的意大利文版序言。其中除了 1872 年和 1882 年的两个序言是由马克思与恩格斯共同署名之外，其他 5 个序言都是由恩格斯独自一人完成的。阅读这些序言的感觉，就如同一场思想的跨时空旅行，导游就是这部《共产党宣言》。我们正是在它的带领之下从 1870 年的德国开始，直至 1893 年为止，20 年间穿越欧洲大陆，一路走来，见证着这一文本面对不同民族和国家的革命形势，以及马克思与恩格斯追随着这一不断变化着的革命形势又都说了些什么。因此阅读这七个序言，如同观看一部讲述了整个 19 世纪欧洲革命思想之历史变迁的精彩电影。

比如在 1872 年的德文版序言当中，马克思就曾感叹于《共产党宣言》出版 25 年间欧洲革命的轰轰烈烈，法国二月革命的经验，特别是伟大的巴黎公社，都让马克思看到了《共产党宣言》当中可能存在的理论上的不完备。比如无产阶级是否简单地掌握国家机器就可以达到自身的目的呢？[1]《共产党宣言》中认为是可以的，但巴黎公社的现实革命运动却证明其中可能是有问题的。作为一个注重社会实践的理论家，马克思总是毫不讳言他的理论与实践之间存在的这种不一致。

再比如在 1882 年的俄文版序言当中，马克思和恩格斯一方面惊喜于当时由于北美经济的快速发展带来了美洲无产阶级力量的迅速壮大，说明欧洲的革命正在逐渐蔓延至全世界；另一方面又发现了伴随着俄国资产阶级的迅速发展，俄国原始的

①　参见[德]马克思、[德]恩格斯：《共产党宣言》，人民出版社 2018 年版，第 4 页。

土地公有制却并没有被瓦解，那么这就意味着在俄国的革命当中，与资产阶级势均力敌，并展开斗争的并不是伴随着工业革命而来的无产阶级，而是近乎生活在农奴时代的一群人。这种时空错位，大有一点关公战秦琼的味道，斗争不知如何展开，这种奇怪的社会结构让当时追随马克思思想进行革命的俄国革命家们都很困惑，以至于在 1881 年 2 月 18 日马克思在伦敦收到了俄国女革命家查苏利奇的一封信，信里所要表达的核心内容就是要咨询马克思，这位当时已经蜚声海外的欧洲革命思想导师，面对俄国这样复杂的情况，该如何展开革命?

据我猜想，这个问题，可能还真的让马克思有点伤脑筋，因为马克思为了给查苏利奇回信，竟然写了四个草稿。尽管金牛座的马克思对待自己所写的文字是挑剔的，但如此认真而谨慎的撰写一封私人回信，在马克思的写作生涯中也不多见，当然这封被马克思认真而谨慎对待的回信也成为了马克思思想发展史上的一篇经典文献，以《给维拉·查苏利奇的信》为名成为了传世之作。对此，我们会在随后的章节中为大家专门讨论，在此就不再赘述了。但我想强调的一点是在这封信当中，马克思提出了著名的所谓"跨越卡夫丁峡谷"的问题，也就是说要因地制宜地面对俄国具体的社会发展情况发动革命，在这一革命之后，或者可能促成俄国的原始公社无须经过资本主义发展阶段而直接过渡到社会主义。这种直接过渡被马克思形象地称为跨越卡夫丁峡谷。

在此，我觉得有必要对这个出自古罗马典故的"卡夫丁峡谷"多说两句。

据说公元前 321 年，萨姆尼特人在古罗马卡夫丁城附近的卡夫丁峡谷击败了罗马军队，并迫使罗马战俘从峡谷中用长矛架起的形似城门的"牛轭"（fork）下通过，借以羞辱战败军队。后来，"卡夫丁峡谷"成为耻辱的代名词，用来比喻灾难性的历史经历。而在彼时的借喻中，这个卡夫丁峡谷就成为了马克思眼中的人类社会发展中的资本主义阶段。可见，尽管马克思在《共产党宣言》当中赞颂过资本主义对人类社会财富增长所作出的贡献，但从骨子里却对这个历史阶段十分痛恨。

1882 年，《共产党宣言》的俄文的第二个译本出版了，马克思为这个译本写了这篇我们正在谈论的序言。大约因为刚刚给查苏利奇写完那封著名的回信，所以马克思满脑子想着的仍然是查苏利奇的问题，因此，在这篇 1882 年的俄文版序言中，马克思自问自答式的谈起了俄国的社会现实的特殊性：

> 俄国公社，这一固然已经大遭破坏的原始土地公共占有形式，是能够直接过渡到高级的共产主义的公共占有形式呢？或者相反，它还必须先经历西方的历史发展所经历的那个瓦解过程呢？①

大约因为有了那四个草稿的反复修改，此刻的马克思对于这个问题的回答已经不那么地纠结了：

> 假如各国革命将成为西方无产阶级革命的信号而双方互相补充的话，那么现今的俄国土地公有制便能成为共产主义发展的起点。②

于是这篇写作于 1882 年的俄文版序言就成为了晚年马克

_____

① ［德］马克思、［德］恩格斯：《共产党宣言》，人民出版社 2018 年版，第 6 页

② ［德］马克思、［德］恩格斯：《共产党宣言》，人民出版社 2018 年版，第 6 页。

思对俄国问题研究的一次宣言式的表述。尽管其中的回答附带着一种"假如"的情况，但却恰恰彰显了一个成熟的革命思想家固有的谨慎和认真。

有意思的是，在恩格斯的脑海中，《共产党宣言》的俄文版是由"英勇无畏的维拉·查苏利奇翻译的"①，但实际上却是他的学生李卜克内西翻译的。然而这个错误在恩格斯所撰写的5个序言中不断被重复，直到1894年才在另外一篇有关《〈论俄国的社会问题〉跋》当中纠正过来。恩格斯的这个有趣的错误，或许可以视为一个佐证，证明在那个时期，对查苏利奇问题的回应一定占据了马克思与恩格斯对待现实革命的很多思考。

1882年的这个序言，成为马克思为《共产党宣言》所撰写的最后一个序言，因为1883年3月14日，马克思在伦敦的寓所里与世长辞了。他没有能够看到《共产党宣言》后来的传播过程。所以随后的五个序言，都是由恩格斯独自操刀。

---

① ［德］马克思、［德］恩格斯：《共产党宣言》，人民出版社2018年版，第11页。

但好在恩格斯从未放弃他与马克思共有的理论视角，他仍然将各国的现实革命与《共产党宣言》的传播关联到了一起。以至于到了 1892 年波兰文序言当中，经过了历史的检验，恩格斯已经可以将这种关联作为一种理论加以阐发了：

> 首先值得注意的是，近来《宣言》在某种程度上已经成为测量欧洲大陆大工业发展的一种尺度。某一国家的大工业越发展，该国工人想要弄清他们作为工人阶级在有产阶级面前所处地位的愿望也就越强烈，工人中间的社会主义运动也就越扩大，对《宣言》的需求也就越增长。因此，根据《宣言》用某国文字发行的份数，不仅可以相当准确地判断该国工人运动的状况，而且可以相当准确地判断该国大工业发展的程度。①

因此恩格斯也从不吝啬他的笔墨去通过《共产党宣言》不同版本的序言来描述拥有了《共产党宣言》翻译版本的国家正在经历的现实与革命。例如波兰的新版本标志着的正是波兰工

---

① ［德］马克思、［德］恩格斯:《共产党宣言》，人民出版社 2018 年版，第 21 页。

业的重大发展，以及由于这个大工业发展所带来的波兰工人中间社会主义思潮的觉醒。同样，当意大利文的《共产党宣言》出版之际，恩格斯也已判定，这或许将是意大利无产阶级即将胜利的征兆，毕竟 1848 年《共产党宣言》出版之际，也曾经撞上了米兰的革命，到了 1893 年，这 45 年不是白白过去的，作为"第一个资产阶级民族"的意大利，"现在也如 1300 年那样，新的历史纪元正在到来。意大利是否会给我们一个新的但丁来宣告这个无产阶级新纪元的诞生呢？" ①

当然恩格斯的愿望似乎在意大利随后的发展当中并没有得到立即的回应，但《共产党宣言》的到来，总能给一个国家注入一种前所未有的革命热情，这一点似乎已成惯例。恩格斯于 1895 年离开了人世，我相信如果他还在世，有关《共产党宣言》的序言还会更多，因为正如恩格斯已经发现的，《共产党宣言》已经成为了一个尺度，它所衡量的不仅是欧洲的大工业，同时还将是全世界无产阶级革命的蓬勃发展。

---

① ［德］马克思、［德］恩格斯:《共产党宣言》，人民出版社 2018 年版，第 24—25 页。

第十三章

一个幽灵从何而来？

——《共产党宣言》之三

Manifest

der

Kommunistischen Partei.

Veröffentlicht im Februar 1848.

Proletarier aller Länder vereinigt Euch!

London.

Gedruckt in der Office der „Bildungs-Gesellschaft für Arbeiter"
von J. E. Burghard.

46, LIVERPOOL STREET, BISHOPSGATE.

◆ 1848 年《共产党宣言》德文第 1 版封面

　　20 世纪最为著名的自由主义者以赛亚·伯林创造了一种很好玩的理论，他把历史上的思想家区分为两种，一种是刺猬型的思想家，一种是狐狸型的思想家。刺猬型的思想家热衷于创造理论的体系，严谨而完整；而狐狸型则大多文笔优美、观察细致，无所不包。在伯林看来，诸如柏拉图、黑格尔与尼采都应算是思想界的刺猬，而亚里士多德、歌德、蒙田则是被伯林称为思想界的大狐狸。而纵观伯林自己的思想著述，从古典哲学到现当代哲学，从诗歌文学到艺术理论，伯林无所不包的思想涉猎让他成为 20 世纪最为典型的思想大狐狸。而我更好奇的是，在伯林的眼中，马克思又是什么样的呢？是狐狸型，还是刺猬型？

伯林对马克思思想的看法是难以琢磨的。他的第一部系统的研究著作，甚至可以说也是唯一一部亲自撰写的研究著作，题目就是《卡尔·马克思：他的生平与环境》。这是一部关于马克思的思想传记。在其中，伯林对于马克思的评价较为平和。但当伯林在谈到马克思的《共产党宣言》的时候，却表现出了少有的近乎夸张的赞叹：

> 这部作品（即《共产党宣言》——笔者注）的影响在所有社会主义宣传册中是最大的。再没有任何现代政治运动或事业，可以声称产生了在文采或力量方面能够与之比肩者。这是一份具有极大威力的文件，在形式上它是由大胆的、引人入胜的历史总结构成的宏伟建筑，上升到以未来的复仇力量之名对现有制度的大力谴责；全文大部分内容都以散文形式呈现，有着伟大革命赞美诗般的激情，其影响力直至今日依然巨大，在当时恐怕只会更大。①

在此，我们需要注意伯林对《共产党宣言》的两个定性：第

①　［英］以赛亚·伯林：《卡尔·马克思：生平与环境》，李寅译，译林出版社 2018 年版，第 185 页。

一,《共产党宣言》是一部社会主义宣传册,第二,其中与对历史的回顾并存的是马克思对于美好未来的期许。正因为这个未来的美好,才构成了对当下资本主义的批判。

坦白地说,我并不是特别赞同伯林对《共产党宣言》的一个判定,在我眼中,《共产党宣言》绝非仅仅是一个社会主义运动的宣传册。尽管我承认它的文字是富有激情的,它的语言是富有力量的,但所有这些激情和力量都不在于马克思采取了怎样的一个写作方式,而在于马克思此时已经拥有了属于自己的一整套唯物史观的理论武器。正是运用这一理论武器,资本主义社会自身的秘密被揭示了出来,被资本压迫得喘不过气来的人们才真正被说服了,因为马克思那充满激情的语言背后包含着的是极为冷静而客观的科学分析。因此,《共产党宣言》或可视为马克思唯物史观的一次更清晰、因此也更接地气的阐释。

但伯林特别强调了《共产党宣言》所特有的未来视角,这一点,我很赞同。《共产党宣言》中对于资本主义历史的回顾,目的从来不是仅仅立足于过去,恰恰是朝向于未来的,是立足于未来共产主义的一种回望。对于这种未来视角可以有多个谈论的角度。在这里，我还是选取一个我认为有趣的切入点来给大家聊一聊。

大家都知道，甚至很多人都可能会背诵《共产党宣言》的第一句话：

一个幽灵，共产主义的幽灵，在欧洲游荡。[①]

从《共产党宣言》的原稿当中，我们竟然发现这句话是马克思的夫人燕妮的笔迹，所以就曾有人猜测，这句脍炙人口的名句，可能出自聪慧而敏感的燕妮。当然，历史无声，真实情景已不可考。但不管怎样，这句话，却因为它的文采所透露出的一种特有魅力而让整部《共产党宣言》从开始处就非常引人入胜。

在此，我实在忍不住要给大家引入另一段有关于此的逸闻趣事。故事发生在中国的翻译界。故事的主线则是关于《共产党宣言》中的德语"Gespenst"（即幽灵）究竟该翻译成什么。

---

① ［德］马克思、［德］恩格斯：《共产党宣言》，人民出版社 2018 年版，第 26 页。

正如恩格斯所说，对《共产党宣言》的接受已经成为了衡量革命与斗争的一个尺度。在 20 世纪初期，中国这个古老民族也已经开始了对千年封建体制的革命。自 1903 年以来，《共产党宣言》的部分内容已经被中国思想家引用在他们的著述当中，直至 1920 年，由中国的翻译家陈望道先生出版翻译了《共产党宣言》的全部内容。

随后在中国的革命战争年代，还曾出现过由成仿吾，徐冰翻译，于 1938 年被延安解放社出版的一个版本，以及 1946 年由博古翻译的在胶东新华书店翻译的版本，等等。这些不同的翻译版本近乎贯穿了中国革命发展的各个阶段，不知鼓舞了多少当时的进步青年。

但有趣的是，如果你将所有这些版本放在一起来看，会发现关于《共产党宣言》第一句话中所出现的那个德语词"Gespenst"竟有着千差万别的翻译，学界已有学者将这些不同的翻译罗列下来，有十几种：比如在 20 世纪二三十年代，这个词一般被翻译成"异物"、"妖怪"、"怪物"、"巨影"，在 40 年代则多被翻译为"幽灵"、"精灵"、"怪影"，到了 50 年代至 70 年代之间，还曾被翻译为"魔怪"、"魔影"，直到近来的版本，才逐渐确定下来，译成为"幽灵"。① 那么德语中的这个"幽灵"（Gespenst）所指的究竟是什么呢？它的确有好多个意思，比如鬼、妖，幽灵、幻影等等都可以用这个词来说明。因此在它传入中国的过程中，我们的这些翻译，在某种意义上说，也都是对的，只是在每一个词的用法当中，总是隐约包含着一种情感的色彩，比如当我们把它翻译成为异物、妖怪或者怪影的时候，不知大家是否与我一样感受到了翻译者对于共产主义思想自身的一种恐惧？而诸如"精灵"、"幽灵"则似乎带有着更为中性的色彩。因此从中国思想家在对这一词汇的翻译当中，我们似乎可以管中窥豹地看到马克思思想在中国被逐渐接纳的整个过程。

这个以"幽灵"为主角的开头让这部《共产党宣言》从一开始就颇为引人入胜。人们被这个"幽灵"带入到 19 世纪欧洲纷杂的社会现实当中，这部宣言实际上充当着一个捉妖人，它将那些徘徊在欧洲上空的各路共产主义思潮聚集起来，正本清源，为人们塑造一个满满正能量的新思潮。

---

① 有关于此的精彩讨论可参见马天骏：《对〈共产党宣言〉中国化的一点反思——Gespenst 如何说汉语？》，《马克思主义与现实》2009 年第 1 期。

当然，被马克思召唤出的共产主义幽灵，不仅激发着普通大众对于共产主义理想的追随，同时还曾引发了诸多严肃的思想家们的特别关注。1993 年 4 月，加利福尼亚大学的思想与社会中心举办了一次大型国际讨论会，会议的主题，正是在全球危机中，马克思主义向何处去？其实这样的主题，在 2008 年金融危机过后，也曾不断地被今天的国际学界反复讨论。其中所沉淀下来的思想正在等待时间的检验，在 1993 年的这次会议上，法国著名的后现代主义哲学家雅克·德里达参会，并做了两次主题发言，发言的题目就叫作：马克思的幽灵们——债务国家、哀悼活动和新国际。当然如果你不了解当代西方马克思主义的发展语境，不喜欢后现代思想家，甚至也不知道德里达是谁，那么这个题目，对于你而言，将是不知所云的。而即便是有着以上提到的这些思想背景，阅读这部著作也不是一件轻松的工作。但在此，我却只想借用德里达的这部著作给大家谈一谈《共产党宣言》在今天仍然具有的强大吸引力。

德里达这位后现代思想大师在 20 世纪 90 年代重新阅读《共产党宣言》的时候，突然感到了一种前所未有的"无知"，因为他突然发现马克思对这个时代的判断和分析在今天的资本主义社会显得尤为紧迫。^① 特别是马克思特有的"幽灵化"的表述方式，吸引着法国后现代的思想家，他们最善于做的，总是将文学与哲学对应起来。例如那时的德里达，他竟然将《共产党宣言》和莎士比亚的《哈姆雷特》放在一起，进行了一种互文性的解读，阐发了一种独特的马克思主义的"幽灵学"。

大家都还记得吧，在《哈姆雷特》当中，一个重要人物也是幽灵，即国王的幽灵。正是这个幽灵在哈姆雷特的生活中不断"徘徊"，才揭示了隐藏在王国内部的巨大秘密，并引发了一场悲剧。由此德里达看到了幽灵存在的意义。

什么是"幽灵"？用哲学家的话来说，它是一个存在着的非存在物，是可见的不可见者。用我们日常的语言，则需要做这样一个说明：首先，所有的幽灵似乎都拥有着它背后的那个真实的载体，国王的幽灵言说着国王的秘密，共产主义的幽灵让整个欧洲弥漫着各色共产主义的气息。但幽灵却又同时并不就是它的那个载体。国王的幽灵并不是国王，共产主义的幽灵

_____

① ［法］德里达：《马克思的幽灵》，何一译，中国人民大学出版社 1999 年版，第 21 页。

也并不是共产主义。它的存在彰显着的，用德里达的话来说，就是"不可见物的隐蔽的和难以把握的可见性"①。换句大家更容易懂的话，或者我们可以说，正是借助于幽灵，那被幽灵化的东西若隐若现了。它们原本已经不可见了，现在却借助于幽灵显现在了我们的面前。这就如在《哈姆雷特》当中，国王的秘密本来已经不可见了，但借助于幽灵，它竟然显现出来了。那么同样，我们或许可以做这样一个推论：共产主义，作为一种具有未来指向的社会思潮，它的实现原本是不可见的，但却首先以幽灵化游荡的方式被欧洲大陆上各种旧有的一切势力看见了——因为它是指向未来的。因此正如马克思所指出的那样，所有"旧欧洲的一切势力，教皇和沙皇、梅特涅和基佐、法国的激进派和德国的警察，都联合起来了"②，目的是对这个幽灵进行神圣的围剿。

于是，围剿是在现实存在的各种势力与一个幽灵之间所展开的战争。这个意象，或许当时的马克思并没有特别的自觉，

---

① ［法］德里达:《马克思的幽灵》，何一译，中国人民大学出版社 1999 年版，第 12 页。

② ［德］马克思、［德］恩格斯:《共产党宣言》，人民出版社 2018 年版，第 26 页。

但却为后世的阐释敞开了丰富的空间。与其说当时欧洲旧势力所进行的是一场人"鬼"大战，不如说，这是旧时代的人与未来人的一场战争。过去的传统阻碍着人们走向更美好的未来，于是才需要共产主义者代表着一种未来的走向与当下各种势力展开殊死搏斗。

共产主义的幽灵来自未来，正是借助于这个幽灵，关于人类的未来，第一次拥有了一种真实的可见性。马克思在《共产党宣言》中对资产阶级历史的回顾，以及对当时社会主义诸多思潮的论证，归根结底都包含着这样一种未来指向的潜在视角。换言之，对马克思来说，他对于资本主义社会的全部兴趣主要来源于他对未来共产主义的理解，是的，在这里，共产主义总是要或者最好是以幽灵的方式存在。因为无论是鬼、妖还是幽灵，都是既可以在人间游荡，又实际上并不存在的东西。它是一种未来对当下的可能性的召唤。这一召唤中所透露出的全部美好，成为了马克思批判当下资本主义的全部理由。

于是，《共产党宣言》中的第一句话彰显了一个关乎未来的幽灵学研究。这一研究的对象是我们的未来。未来，就是一个幽灵，让不可见的存在具有一种可见性。德里达正是因为

拥有对幽灵学的这一理解，才有了下面这样一段掷地有声的
表述：

> 不能没有马克思，没有马克思，没有对马克思的记
> 忆，没有马克思的遗产，也就没有将来：无论如何得有某
> 个马克思，得有他的才华，至少得有他的某种精神。①

　　这一表述，近乎变成马克思后继者的宣言，再一次如幽灵
般徘徊在我们今天生活的世界之中。

---

① ［法］德里达:《马克思的幽灵》，何一译，中国人民大学出版社 1999
年版，第 21 页。

第十四章

两个人的历史

——《共产党宣言》之四

◆ 马克思和恩格斯起草《共产党宣言》（油画） 波利亚科夫

　　《共产党宣言》到底是怎样一部著作？其实很难定性。一方面，它对资本主义社会的批判铿锵有力，掷地有声；另一方面，它对于资本主义发展历程的描述却又客观冷静，公正平和。大约正因如此，每个读过《共产党宣言》的人都会有一种微妙的体验，我们可以被那充满激情的语言瞬间激发出挥斥方遒的热情，同时却又会折服于马克思基于客观分析所推论出的那些颇有预见性的观点。这正是这部《共产党宣言》历久弥新的魅力所在。

　　《共产党宣言》是马克思与恩格斯在其有生之年正式出版的一部非论战性的著作。我做这样一个渲染的原因在于，这样的著作，在马克思与恩格斯全部著作当中所占的比例是很小的。比如我已经和大家一起分享的《神圣家族》，《德意志意识形态》等，都是论战性的著作。这类著作绝大部分总是针对某个思想论敌，论证的思路也常常要跟着这个论敌的脉络走，由此导致马克思和恩格斯自身的想法却总是被有意或者无意地遮蔽了起来。而《共产党宣言》不同，它作为一个纲领性的文件，需要开宗明义地宣布一种立场与观点。马克思和恩格斯近乎第一次，站在他们的思想论敌的面前，抛出自己的看法。因此，《共产党宣言》的结构是清晰而明确的。

《共产党宣言》由四个大标题构成，根据内容，我将它们划分为两个部分。第一部分包含着宣言当中前两个标题的内容，这两个标题，看上去很相似：第一个叫作资产者与无产者，第二个叫作无产者和共产党人，这三类人诠释了当代资本主义社会当中最具有标识性的两大对立阶级。而《共产党宣言》明确指认了这样一个事实：那就是"至今一切社会的历史都是阶级斗争的历史"[1]。那么马克思与恩格斯在此对于这样三类人的描述与分析，实际上所触及的正是这部阶级斗争的历史本身。

---

[1] ［德］马克思、［德］恩格斯：《共产党宣言》，人民出版社 2018 年版，第 27 页。

　　《共产党宣言》的第二个大部分囊括了随后的两个大标题：它们分别是第三：社会主义与共产主义的文献，以及第四：共产党人对各种反对党派的态度。在这一部分中，马克思和恩格斯又一次开始运用他们最为熟悉的批判去分析当时欧洲各色的共产主义幽灵们。这些幽灵们拥有着各自不同的法术，而马克思和恩格斯这两位捉妖大师，打算一个个将他们打翻在地。

　　这就是《共产党宣言》中由四个标题所构筑的两个部分，它有"立"，有"破"，有理有据，将共产主义的前世今生都说得清清楚楚、明明白白。在其中，最为精彩的部分，当属于第一与第二个标题当中马克思与恩格斯为我们呈现出的有关资产者与无产者诞生的那段陈年往事。

　　历史，从来不是被埋在地下的宝藏，我们只要挖开掩埋它们的沙土就可以看到它们，相反它需要真正富有洞察力的思想家通过分析、提炼那些琐碎的经验材料，并在其中构建一种属于自己的理解框架。《共产党宣言》中，马克思与恩格斯再一次面对资本主义社会的发生史，他们需要一整套更为简单而富有魅力的语言来重述那在《德意志意识形态》中相对理论化的表述。唯物史观中那些精彩的论证在此全部凝练成了一个个掷地有声的结论与概括。

这是一段关于两个人诞生的历史，一个叫作资产者，另一个叫作无产者。他们相互依赖着共生共存。他们的诞生为历史带来了巨大的变革，结束了此前西方千年历史当中纷乱混杂的各种等级：

对此，马克思斩钉截铁地这样说："整个社会日益分裂为两大敌对的阵营：分裂为两大相互直接对立的阶级：资产阶级和无产阶级。"①

需要为大家指出的一个要点在于，这并非意味着资产者产生之前的历史中并不存在阶级的对立和斗争，只是因为当时各种等级和社会阶层林立，贵族、骑士、平民、奴隶，这些不同等级之间的关系错综复杂，其中每个阶层都有自己的压迫者，也可能同时又是另一个阶层的被压迫者。于是，其中的阶级斗争以及支配这些斗争的根本原因，并不那么容易被人们所理

① ［德］马克思、［德］恩格斯：《共产党宣言》，人民出版社 2018 年版，第 28 页。

解。但随着工业化生产的发展、农奴的进城，城市逐渐扩大，其中所产生的一些市民阶层逐渐变成了最早的资产者。

大家是否见过资产者？我们可以说见过，也可以说没见过。洛克菲勒、乔布斯，在我们眼中也不过是一个个和我们一样的人，他们为什么会被叫作资产者呢？而另外的一些人，却被叫作无产者呢？道理其实也很简单，洛克菲勒、乔布斯的血肉之躯是无法诠释资产者的内涵的，他们与另外一群人的区别严格说来也不是一个是有钱人，一个是没钱人，因为如果仅仅是以有钱还是没钱来区分资产者与无产者的话，那么我们为何不能把法国太阳王路易十四叫作资产者呢？为什么我们不能把大清王朝中富可敌国的大贪官和珅叫作资产者呢？因为资产者与无产者的根本区别从来不在于财富的多少，而在于两者所代表的生产关系。

资产者是资本主义生产关系的主导者，而无产者则是这一生产关系中的被主导者，从时间上来看，当一个欧洲农奴放弃了封建行会的经营方式，转而将原来分散在各种行业组织之间的分工转变为工场手工业内部分工的时候，当这一分工所建构的生产不再仅仅为了满足个人的需要，而是仅仅为了获取利润的增殖的时候，资产阶级的生产关系就建立起来了，此刻资产者诞生了，同时诞生的还有与之相应的无产者。资产者是自发自觉的主动创造了这一独特的生产关系，而无产者呢，则大多是因为生活所迫不得不加入到资产者的工厂当中去，从而加入到大工业的生产方式当中去。

自此，那在社会生活进行着自己实践的一个个活生生的人不得不被一种独特的生产关系分割为两类：一类是资产者，一类是无产者。阶级斗争的真相也自此逐渐露出了它狰狞的面孔。

我最喜爱的段落，就是马克思和恩格斯在《共产党宣言》中对于资产阶级的各种描述，其中的语言铿锵有力、妙语连珠，在客观冷静的同时渗透着强烈的批判激情：

马克思和恩格斯指出，"资产阶级在历史上曾经起过非常革命的作用"[1]。对于这种革命性，马克思和恩格斯讲了很多个方面，我把它们大体概括为这样两个方面：

---

[1] ［德］马克思、［德］恩格斯:《共产党宣言》，人民出版社 2018 年版，第 30 页。

第一，最大限度地发展了生产力。马克思和恩格斯这样感叹道：

> 资产阶级在它的不到一百年的阶级统治中所创造的生产力，比过去一切世代创造的全部生产力还要多，还要大。自然力的征服，机器的采用，化学在工业和农业中的应用，轮船的行驶，铁路的通行，电报的使用，整个整个大陆的开垦，河川的通航，仿佛用法术从地下呼唤出来的大量人口——过去哪一个世纪料想到在社会劳动里蕴藏有这样的生产力呢？[①]。

这种感叹的字里行间都透露出一种真诚。这是对资产阶级历史贡献的真心认可。因为这些伟大成就所构筑的文明正以同样的逻辑加速积累着，马克思所看到的铁路、轮船和电报已经被今天的飞机、火箭和网络所替代，但内在于这些技术变革的根本动力，却并没有发生根本的变化，资本仍然是所有这一切变化的助推器。

---

① ［德］马克思、［德］恩格斯:《共产党宣言》，人民出版社 2018 年版，第 32 页。

可以说，资产者从来都不过是资本主义生产关系的人格化，资本的特性于是就变成了资产阶级的特性，而"资产阶级除非对生产工具，从而对生产关系，从而对全部社会关系不断地进行革命，否则就不能生存下去"①。或许资产者因资本逐利的本性会勤勉工作，但却不能倒因为果，如德国社会学家马克斯·韦伯所认为的那样，因为一些人的勤勉，这些人才成为资本家。对于马克思而言，只是因为他们是资本家，才在资本的驱逐之下显得勤奋，资本家这个打了引号的"勤勉"，其实更多意味着的是对无产者超负荷的剥削，最终所构筑的是一个每个毛孔都流着血和肮脏东西的资本吸血鬼。

资产者的第二个贡献是拓展了世界市场，宣布全球化时代的到来。马克思和恩格斯这样说："旧的、靠本国产品来满足的需要，被新的、要靠极其遥远的国家和地带的产品来满足的需要所代替了。过去那种地方的和民族的自给自足和闭关自守状态，被各民族的各方面的互相往来和各方面的互相依赖所代替了。"②

---

① ［德］马克思、［德］恩格斯：《共产党宣言》，人民出版社 2018 年版，第 30 页。

② ［德］马克思、［德］恩格斯：《共产党宣言》，人民出版社 2018 年版，第 31 页。

从此以后，"它（资产阶级——笔者注）迫使一切民族——如果它们不想灭亡的话——采用资产阶级的生产方式"；"资产阶级使农村屈服于城市的统治，……正像它使农村从属于城市一样，它使未开化和半开化的国家从属于文明的国家，使农民的民族从属于资产阶级的民族，使东方从属于西方"，"它使人口密集起来，使生产资料集中起来"①。不知读到这里，大家是否与我一样，情不自禁地产生一种惊叹与诧异，总觉得马克思和恩格斯如同一个从我们的年代穿越回去的思想精灵，否则如何能够解释他们在 19 世纪就准确的描述出今天进入了全球化时代的我们所面临的一切，不管是好的抑或坏的，他们似乎都说到了。

当然我不是一个网络小说家，因此并不相信有什么穿越者的存在，面对马克思与恩格斯对于资本世界未来的描述，我只能说，这就是科学的分析所具有的内在强大而富有生命力的逻辑力量吧。马克思和恩格斯没有千里眼，他们所给出的说明不过是资产阶级按照资本逻辑来拓展生产关系之后必然产生的结

---

① ［德］马克思、［德］恩格斯：《共产党宣言》，人民出版社 2018 年版，第 32 页。

果。在这个看似由两个人构成的历史当中，开疆拓土的力量，其实只有一个，那就是被"资本"施了魔法的资产阶级们永无休止的生产革命。正是在这一永不停止的革命当中，一个全球同此凉热的世界构图被勾勒出来了。

马克思是诚实的，他诚实到不吝啬对于资产者曾有的辉煌予以不遗余力的肯定。而正是因为这种诚实，成就了马克思与恩格斯对资产者批判的理论所具有的强大说服力。

第十五章

一切坚固的东西都烟消云散了

——《共产党宣言》之五

◆ 共产主义者同盟第二次代表大会会址红狮旅馆，位于伦敦大磨坊街

马克思的夫人燕妮是一个地道的德国贵族。据说马克思也是很有生活品位的一个人，作为工厂主儿子的恩格斯，似乎从未陷入生活的困顿当中，甚至还有足够的力量不断地接济马克思一家的生活用度。因此，虽然因为将自己的一生献身于社会革命，他们的生活常常过得颠沛流离，但对于田园牧歌般的前现代生活却有着一种无法抹去的眷恋。所以当马克思和恩格斯以思想斗士的角色开启对资本主义的批判之际，我们看到了两位年轻人，冷静客观地评价资本主义社会对人类进步所起的肯定作用，但同时面对资本主义生产关系对欧洲旧有传统的连根拔起，却又难掩愤怒。

在此，我忍不住要与大家一起分享几段我最爱的段落：

它（资产阶级——笔者注）无情地斩断了把人们束缚于天然尊长的形形色色的封建羁绊，它使人和人之间除了赤裸裸的利害关系，除了冷酷无情的"现金交易"，就再也没有任何别的联系了。它把宗教虔诚、骑士热忱、小市民伤感这些情感的神圣发作，淹没在利己主义打算的冰水之中。它把人的尊严变成了交换价值，用一种没有良心的贸易自由代替无数特许的和自力挣得的自由。总而言之，它用公开的、无耻的、直接的、露骨的剥削代替了由宗教幻想和政治幻想掩盖着的剥削。

资产阶级抹去了一切向来受人尊崇和令人敬畏的职业的神圣光环。它把医生、律师、教士、诗人和学者变成了它出钱招雇的雇佣劳动者。

资产阶级撕下了罩在家庭关系上的温情脉脉的面纱，把这种关系变成了纯粹的金钱关系。①

---

① ［德］马克思、［德］恩格斯：《共产党宣言》，人民出版社 2018 年版，第 30 页。

读着这些段落，我的眼前晃动着的总是带有贵族气质的马克思一家与恩格斯。严格说来，这样的表述中所透露出的激进性带有着强烈的浪漫主义色彩。这些文字并不像出自一个撰写战斗檄文的作者之手，反而如同一个没落贵族在哀叹着无可挽回的现实社会对他们无情的剥夺。

我不想遮掩这种真实的感受，因为我并不认为这样一种浪漫主义底色会弱化《共产党宣言》的革命性。一种朝向未来的理论并不意味着它将彻底否弃传统的美好。马克思创立的唯物史观给予我们的是一种审视世界的"历史性"视角。在这一视角的审视之下，"过去"总会带着它全部的内涵参与到思想对"当下"和"未来"的分析当中。

马克思与恩格斯在《共产党宣言》当中对于资本主义的批判总是包含着这样一个旧有传统的张力。因为他们作为见证了资本主义诞生之阵痛的第一代人，最为真切地体验到了一种新旧时代的断裂感。这种断裂感，在资本来到这个世界之前几乎从未发生过——因为在此之前，甚至也从未有过新旧之分、古今之争，但资本来到世界之后，注定会为这个世界带来翻天覆地的变化。

马克思当然不是第一个对这种变化敏感的思想家。在他之前，他的老师黑格尔也曾深切体会到了自己已经站在了一个历史时代的边缘。大器晚成的黑格尔在拿破仑攻陷耶拿的炮火当中完成了《精神现象学》，时年 37 岁，但在思想史上这部著作常常被称之为青年黑格尔时期的作品。其间黑格尔也曾充满激情的写道：

> 我们的时代是一个充满创造力的时代，一个向着新时期过渡的时代。精神已经与这个绵延至今的世界决裂，不再坚持它迄今的实存和表象活动，而是打算把这些东西掩埋在过去，并着手进行自我改造。……这种渐进的、尚未改变整体面貌的零敲碎打，被一道突然升起的闪电中断了，这闪电一下子就树立起了新世界的形象。①

同样体验到了一种时代的断裂，但在黑格尔这里，我们感受到的却是一种准备拥抱新世界的喜悦，毕竟此刻，1807 年的德国，工业化与大机器生产还未能实现一种普遍化，被马克思

---

① ［德］黑格尔：《精神现象学》，先刚译，人民出版社 2013 年版，第 7 页。

所批判的欧洲普遍的资本主义时代对于仍然生活在四分五裂的封建德意志的黑格尔而言还是一个美好的梦想。因此，那个新时代如同一个新生的婴儿一般，拥有着天真无邪的笑容。

当时间延伸到 1848 年，这个婴儿进入它加速生长的生长期时，却逐渐露出了自己狰狞的面孔。在马克思的眼中，这个孩子总是不知疲倦地惹是生非，推动着整个社会追随着它的脚步一路狂奔。它要变革的对象是旧时代的一切，而它要等待的目标，自己却并不清楚。对于它而言，清楚的只有一件事情，那就是永无休止的变革本身。这，就是资本所特有的力量。

马克思与恩格斯紧紧抓住了资本所具有的这种力量，他们所有富有预见性的描述都是基于对这一力量的理解和把控，我们于是读到了这样一些时至今日都颇有阐释力度的描述：

> 生产的不断变革，一切社会状况不停的动荡，永远的不安定和变动，这就是资产阶级时代不同于过去一切时代的地方。一切固定的僵化的关系以及与之相适应的素被尊崇的观念和见解都被消除了，一切新形成的关系等不到固定下来就陈旧了。一切等级的和固定的东西都烟消云散

了，一切神圣的东西都被亵渎了。①

见证着旧时代向新时代转变，两位年轻人用近乎诗意的语言书写着这一转变的残忍，在这期间，没有了他们的思想导师黑格尔的激情与兴奋，相反我们看到的是一种与传统断裂后的阵痛。至此"一切等级的和固定的东西都烟消云散了"，近乎成为人们描述现代性的名句。当代美国现代性研究专家马歇尔·伯曼以妙趣横生的方式描述了 19 世纪到 20 世纪以来现代性的出现为思想界和城市生活所带来的种种变化，他为自己这部讨论现代性的著作就取名为《一切坚固的东西都烟消云散了》。

与伯曼处于同一时期，但却已将思想放置于后现代藩篱当中的当代法国思想家让·鲍德里亚，近乎拥有着与伯曼完全相同的观察对象，却已经不愿意将这一切放入到现代性的阐释框架里，从而将这些现象归入到现代性的"今天"抑或"未来"。相反，在鲍德里亚看来，媒介的普遍化不仅消磨了一切坚固的

---

① ［德］马克思、［德］恩格斯：《共产党宣言》，人民出版社 2018 年版，第 30—31 页。

东西，甚至连有关"真实"的想象也消失殆尽，因此，面对今
天沉浸在每时每刻以指数性增长的信息量这一状况时，人们已
经无须再去哀叹"一切坚固的东西都已烟消云散"了，而是相
反，我们应该惊奇的是"为何一切尚未消失？"但这一疑问也
成为这位思想家生命中最后一篇文章的题目。

这是对《共产党宣言》中思想的一种质疑和反叛吗？不，
恰恰相反，它所彰显的正是在今天仍然沉浸于马克思和恩格斯
在 19 世纪就已经做出断言的那种"不安定和变动"的资本本性。
资本主义在历时一个世纪之后，仍然没有停止它不断变动的脚
步。作为思想家的鲍德里亚以近乎调侃的方式质疑着，总在不
断自我革命的资本为何还未让一切都归于消逝？为何在不断消
逝当中，总还有某些貌似坚固的东西又被重新建构起来？我们
究竟该如何理解资本的这一理性的狡计？

今天，资本已如马克思和恩格斯所预言的那样将它的足迹
踏遍了世界的各个角落，并让所有落后的民族也不得不归顺于
资本逻辑的统治，让农村从属于城市，让世界的财富极具增
长。但同时，马克思与恩格斯那略带着浪漫主义乡愁式的批判
也逐渐显露出它的威力。时至今日，当一切坚固的东西都烟消

云散之后，当一切神圣都被亵渎之后，生活在其中的人们出现了一种难以名状的生存焦虑。当没有人相信自己买下的一件东西可以传给自己的后辈的时候，那么也就没有人再相信存在着郑重的承诺、永恒的爱情、崇高的信仰。而此刻，人们所感到的将是米兰·昆德拉所谓的"生命中不可承受之轻"。

每一次读到这里，我总是无法将《共产党宣言》仅仅视为是帮一个组织所撰写的行动宣言，而是两位拥有着深邃洞察力的思想家对于我们这个时代的呐喊——这一呐喊尽管从 19 世纪而来，却在今日仍保护着它巨大的穿透力。在这一呐喊声中不仅夹杂着朝向未来的高歌猛进，直到同时还隐约回荡着田园牧歌式的委婉哀怨。

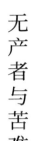

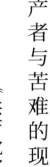

Statuten des Bundes der Kommunisten.

Proletarier aller Länder vereinigt Euch!

Abschnitt I. Der Bund.

Art. 1. Der Zweck des Bundes ist der Sturz der Bourgeoisie, die Herrschaft des Proletariats, die Aufhebung der alten, auf Klassengegensätzen beruhenden bürgerlichen Gesellschaft und die Gründung einer neuen Gesellschaft ohne Klassen und ohne Privateigentum

Art. 2. Die Bedingungen der Mitgliedschaft sind:
A) diesem Zweck entsprechende Lebensweise und Wirksamkeit;
B) revolutionaire Energie und Eifer der Propaganda;
C) Bekenntnis des Kommunismus;
D) Enthaltung der Theilnahme an jeder antikommunistischen, politischen oder nationalen Gesellschaft und Anzeige der Theilnahme an irgend welcher Gesellschaft bei der vorgesetzten Behörde;
E) Unterwerfung unter die Beschlüsse des Bundes;
F) Verschwiegenheit über das Bestehen aller Angelegenheiten des Bundes;
G) einstimmige Aufnahme in eine Gemeinde.
Wer diesen Bedingungen nicht mehr entspricht, wird ausgeschlossen. (Siehe Abschnitt VIII)

Art. 3. Alle Mitglieder sind gleich und Brüder und als solche sich Hülfe in jeder Lage schuldig.

Art. 4. Die Mitglieder führen Bundesnamen.

Art. 5. Der Bund ist organisirt in Gemeinden, Kreisen, leitenden Kreisen, Centralbehörde und Kongresse.

◆ 共产主义者同盟第二次代表大会通过的马克思和恩格斯参与起草的《共产主义者同盟章程》

　　毫无疑问，《共产党宣言》是一篇战斗檄文。它有着一种魔力，总能唤醒人们发现自己真实的生存境遇，并找到与自己对抗的敌人。以至于最终一部分人能够在《共产党宣言》的指导下凝聚成一个政党，来与另一个群体相对抗，以便实现自己的理想。所以《共产党宣言》的开篇，才直截了当给出了这样一个断言："至今一切社会的历史都是阶级斗争的历史。"[1] 这样的判定显然不可能得到那些书斋里的历史学究们的赞赏，因为它显得太过武断、太过宏大。但这却是《共产党宣言》在对人类社会发展历程的审视过程中所提供的独特视角。

_____

　　① ［德］马克思、［德］恩格斯:《共产党宣言》，人民出版社 2018 年版，第 27 页。

它是一个视角，也是一种立场。马克思是第一个能够将理论直接转换为物质力量的思想家。纵观整个西方哲学史，除了马克思及其后继者，几乎没有任何思想家能够做到这一点。哲学，或者说一种表达哲学的理论形态，在马克思的视域中始终是有立场、有阶级的。这一点恐怕对于那些一直以来都以"爱智慧"作为哲学的定义，并因此将获取绝对真理为己任的哲学家们感到惊恐，甚至略显不屑。甚至在随后马克思主义的传播过程中，马克思主义是否还是一种哲学，本身都成为一个问题，这一问题最早由卡尔·柯尔施提出，因此在学界常被称之为"柯尔施问题"①。

但我却始终坚信马克思的思想自身是一种哲学，只是这一哲学天然具有现实的吸引力，它始终向现实敞开自身，所以能够被普通大众所理解（也可以说，这一哲学所讨论的对象是那些与普通的劳苦大众须臾不可分的社会现实生活本身）。因此只有在马克思的著作中，现实的人才被真正的关注了，同样的，人的现实生活才成为哲学家乐意谈论的一个话题。马克思的"老师"黑格尔在《法哲学原理》当中原本也做过类似的工作，

① 具体讨论可参见卡尔·柯尔施的《马克思主义与哲学》。

但最终还是被他那个预先搭建起来的概念体系窒息了他的理论原有的那股烟火气。

　　或许，已经读过很多西方哲学经典的你会站出来反驳我说，很多的哲学家都在谈论人：从古希腊以来，对于什么是人的问题就一直是很多哲学家孜孜以求的命题，于是才有了诸如"人是理性的动物"，"人是政治的动物"等等各种界定。但话说到这里，我也想立刻站起来反驳一下你的说法，提请你注意，所有这些哲学家在对人的关注中，总是想把人从其现实生活当中剥离出来，变成为一个可以被普遍的概念所概括的存在。于是在哲学家的眼里，一个人是做什么工作的，他是怎么工作的，他在这种工作与生活中是否感到舒适，这些问题都不重要，都是细枝末节，都不能改变作为人的本质的一切。但马克思却并不这样看，不知大家是否还记得我们之前为大家讲过马克思在《关于费尔巴哈的提纲》第六条中曾提到过这样一句话："人的本质不是单个人所固有的抽象物，在其现实性上，它是一切社会关系的总和。"[1] 在此，显而易见，马克思已经将自身关于人的界定与此前所有哲学的那

_____

[1]　《马克思恩格斯选集》第 1 卷，人民出版社 2012 年版，第 135 页。

种界定方式区分开来了。

马克思特别关注如此这般沉浸在社会关系中的现实的个人，这一宗旨，在马克思的思想中从未改变。如果说在《1844年经济学哲学手稿》中，马克思还纠缠在用丰富的感性去界定人的藩篱之中，那么到了《共产党宣言》，马克思已经完全把诸如"什么是人的本质"这样的问题扔掉了。在《共产党宣言》中，我们再也看不到任何抽象的人，我们看到的只有资产者、无产者，抑或是共产党人。

我想提醒大家注意的是，所谓的资产者、无产者，其实就是一个个身处特定的社会关系当中的人，他们成为了一个哲学家对于人的一种真正具体的关照方式，因为无论是资产者还是无产者，他们都是在特定社会形态下的特定财产关系当中生活着的，并以此蕴含着不同生活方式的人。当马克思与恩格斯在用资产者与无产者来说明他们的时候，同时蕴含着对他们每一类人特定生活方式的关注。资产者的生活是怎样的，无产者的生活又会是怎样的，他们的工资收入是多少？这些工资是否足够支撑他们的生活？这些看似最为经验化的主题在《共产党宣言》中都成为了马克思和恩格斯描述现代资本主义社会的理论切入点。

所以当我们在《共产党宣言》中再次邂逅"无产者"的时候，要知道这个无产者与我们在马克思的《〈黑格尔法哲学批判〉导言》中遭遇的那个无产阶级判若两人。那时的马克思充满着革命的激情，希望凝练着德国人和法国人优秀品质的一个新人能横空出世，他将这个新人命名为无产阶级。而关于这个无产阶级究竟是谁，他们过着怎样的生活，他们为什么突然能够成为人类解放的代言人等等，这一切对于当时的马克思来说都还没有说透。而今，在《共产党宣言》中，已经搭建了唯物史观初步架构的马克思，终于可以用相对概括的方式来回应那个时候未能给出明确答案的所有问题了。

因此这个时候的马克思和恩格斯并不急于让无产者出场，相反，他们非常有耐心，一开口就把历史先拉回到了前资本主义时代，然后慢慢地讲述资产者的形成过程：其中，资产者建起了厂房，拓展了市场，把商品买到了世界各地，甚至最终资产者所构筑的这个世界已经开始陷入危机。在这一个完整的周期里，无产者也伴随着资产者的每一个发展而逐渐地成长起来。

在《共产党宣言》中的无产者，已经不再是横空出世的孙悟空，马克思和恩格斯为它的出场铺垫良久。资本的快速成长让马克思和恩格斯能够在资本出生之日就见证了它的危机：

> 资产阶级的生产关系和交换关系，资产阶级的所有制关系，这个曾经仿佛用法术创造了如此庞大的生产资料和交换手段的现代资产阶级社会，现在像一个魔法师一样不能再支配自己用法术呼唤出来的魔鬼了。[①]

这个魔鬼，在马克思看来就是由于现代生产力与生产关系相对抗所产生的"商业危机"。在此，马克思以相对笼统的方式描述了商业危机，"在商业危机期间，总是不仅有很大一部分制成的产品被毁灭掉，而且有很大一部分已经造成的生产力被毁灭掉。在危机期间，发生一种在过去一切时代看来都好像是荒唐现象的社会瘟疫，即生产过剩的瘟疫。社会突然发现自己回到了一时的野蛮状态；仿佛是一次饥荒、一场普遍的毁灭

---

① ［德］马克思、［德］恩格斯：《共产党宣言》，人民出版社 2018 年版，第 33 页。

性的战争，使社会失去了全部生活资料；仿佛是工业和商业全被毁灭了"①。

那么导致这样严重的商业危机的原因何在呢？马克思和恩格斯同样是以一个极为笼统的表述来道说的：

"因为社会上文明过度，生活资料太多，工业和商业太发达。社会所拥有的生产力已经不能再促进资产阶级文明和资产阶级所有制关系的发展；相反，生产力已经强大到这种关系所不能适应的地步，它已经受到这种关系的阻碍；而它一着手克服这种障碍，就使整个资产阶级社会陷入混乱，就使资产阶级所有制的存在受到威胁。"②

坦白来说，《共产党宣言》中有关危机的描述与分析虽文采飞扬，但却太过概括，不过这也实在怪不得马克思，因为这个时候他还未能将自己的精力投注到资本主义社会的经济运行

---

① ［德］马克思、［德］恩格斯:《共产党宣言》，人民出版社 2018 年版，第 33 页。

② ［德］马克思、［德］恩格斯:《共产党宣言》，人民出版社 2018 年版，第 33 页。

架构当中去做详尽的科学研究。在我看来，在《共产党宣言》中这一次近乎蜻蜓点水一般的有关危机的讨论，目的只有一个，那就是为他所钟爱的无产者的出场勾勒一个具体而真实的背景板。

就在马克思和恩格斯对危机的讨论过后，无产者终于出现了。

马克思和恩格斯是这样说的："资产阶级不仅锻造了置自身于死地的武器；它还产生了将要运用这种武器的人——现代的工人，即无产者。"①

《共产党宣言》中的无产者是生活在资产阶级特定的社会关系当中那些具体的人。马克思和恩格斯对于无产者的讨论已经进入到他们现实生活的方方面面。

首先，《共产党宣言》明确指出："无产阶级即现代工人阶

---

① ［德］马克思、［德］恩格斯:《共产党宣言》，人民出版社 2018 年版，第 34 页。

级"，这个指认其实很重要，因为它将一个原本似乎仅仅为了革命而生的抽象的规定消解了。在此无产者首先是现代工人阶级，而工人则是我们每天都可以在大街上，在商店里，在工厂中看到的一个个活生生的人。如果是这样，那么马克思就需要进一步告诉我们，为什么这些在工厂中每天勤奋工作赚取工资的人会有一天突然要拿起武器来反抗他们的老板，这个问题，显然不是喊两句口号就可以回答的。而《共产党宣言》也的确没有用两句充满激情的口号搪塞我们。在此，马克思和恩格斯非常耐心地讲述工人在资本主义社会快速发展中所陷入的生活困顿：

> 随着资产阶级即资本的发展，无产阶级即现代工人阶级也在同一程度上得到发展……这些不得不把自己零星出卖的工人，像其他任何货物一样，也是一种商品，所以他们同样地受到竞争的一切变化、市场的一切波动的影响。

> 由于推广机器和分工，无产者的劳动已经失去了任何独立的性质，因而对工人也失去了任何吸引力。……劳动越使人感到厌恶，工资也就越少。

……对工人阶级来说，性别和年龄的差别再也没有什么社会意义了。他们都只是劳动工具，不过因为年龄和性别的不同而需要不同的费用罢了。

……当厂主对工人的剥削告一段落，工人领到了用现钱支付的工资的时候，马上就有资产阶级中的另一部分人——房东、小店主、当铺老板等等向他们扑来。[①]

读着以上这些段落，我们的眼前仿佛展开了一副勾勒 19 世纪中期工人阶级的生活长卷。他们劳动的痛苦、生活的艰辛都一目了然。因此，已无须过多激愤的语言，变革社会的诉求就在这些看似平淡的生活描述当中自发产生，人们也已悄然被说服了，必须要起来改变这个充斥着苦难的现实。因为，彼时，马克思与恩格斯为我们呈现的这一苦难的现实就孕育在最为现实的苦难中。

———————————

① ［德］马克思、［德］恩格斯：《共产党宣言》，人民出版社 2018 年版，第 34—35 页。

第十七章

欢迎来到资本统治的魔法城堡

——《雇佣劳动与资本》之一

◆ 1849 年 4 月 5 日《新莱茵报》，载有《雇佣劳动与资本》一文的第一部分。

在 1847 年共产主义者同盟的第二次大会上，马克思的出席引发了不小的关注。他的魅力征服了很多人。当时参加会议的共产主义者同盟会员中有一位叫作弗里德里克·列斯纳的，过了很久之后对于当时那个意气风发的马克思仍然念念不忘，并用他的笔，为我们留下了一副青年马克思的生动肖像：

　　马克思当时还是一个年轻人，大约28岁左右，但他给我们所有的人都留下了强烈的印象。他中等身材，肩膀宽阔，体格强健，动作充满活力；额头高高隆起，棱角分明；头发乌黑浓密；目光敏锐。嘴巴已形成了令他的对手极为害怕的嘲讽线条。马克思是一位天生的人民领袖。他演说简明，逻辑严密，令人信服；从来不说废话，每一句话都

包含着思想，每一个观念都是他论证的链条中极为重要的
一环。马克思绝不会对自己抱有任何幻想。当我越来越认
识到魏特林时代的共产主义与《共产党宣言》的共产主义
之间的不同，也就越清楚地认识到马克思代表着社会主义
思想的成年。①

思想已经渐趋成熟的马克思，却还是一个头发乌黑的小伙
子，在我心中，这是一个革命的理论家该有的样子。革命虽然
是年轻人的事业，但真正能给世界带来改变的革命行动却毫无
疑问需要一个冷静的理论家的指导。

所以不到 30 岁的马克思，实质上肩负起引领一个时代走
向革命的重任。而在 1847 年，这个欧洲革命风起云涌的关键
节点上，马克思，这位此前将绝大部分时间沉浸在静谧书房中
的革命者，此刻再也无法忽视窗外每天都在变幻的政治风景。
政治实践与理论研究，成为这一时期的马克思无法逃避的两项
工作，缺一不可。

---

① 转引自［英］戴维·麦克莱伦：《马克思传》，王珍译，中国人民大学
出版社 2016 年版，第 170 页。

对于共产主义者同盟诸多政治活动的参与，的确成为了1847 年以后马克思个人的生活内容。参加会议，制定纲领性文件，成立委员会，招募会员，这些工作，一眼看过去，就知道是极为琐碎的，对于我这个多年封闭在象牙塔里的人来说，会将这看作是令人头疼的工作。但马克思和恩格斯好像干得还挺起劲的。比如他们两个人在 1847 年 8 月底在布鲁塞尔建立了一个德国工人团体，取名为"布鲁塞尔德意志工人协会"。我想马克思和恩格斯创办这个协会的目的一方面固然是为了为共产主义者同盟培养、招募会员，但更为重要的还是为了能够将一种科学的革命理论逐渐散播开来，以区别于当时那些在欧洲各地散落着的各色革命团体。德国人嘛，即便是行动，他们要武装的首先也是头脑，而不是身体，因此他们首先需要的是理论，而不是武器。

已经完成了自身理论建构的马克思和恩格斯显然成为了这个德国团体最好的理论武装者。这个团体迅速成为了比利时地区德国革命无产者的合法中心。但多少有些奇怪的是，许多有关马克思生活的传记作者，关于马克思对这个协会所倾注的心血都说得不多。其中的原因，可能是因为该协会存活时间太短了，在 1848 年二月革命，也就是大约大半年后，该协会就被比利时当局破坏、解散。但我个人却对这段时期马克思所做的工作颇感兴趣。因为正是在这一时期，博士毕业以来，从未登上过讲台的马克思登上了课堂的讲台，第一次不是为了捍卫一个理论与人辩论，也不是为了宣布一个立场而演讲，他只是为了他自己亲手所组建的这个团队去讲几堂有关资本主义社会特有的经济学理论的课程。记者马克思一定在其中找到了重返校园的感觉。毕竟他曾经拥有，却未能完成的梦想正是在大学当中谋得个教职。

这真是难得的机会，革命导师马克思亲自为大家上课，这个感觉，一定很奇妙。或许在此你会多少有些遗憾地对我说，这都已经过了快 200 年了，我们又如何能够领略马克思的风采呢？在一个没有直播、没有录像、没有录音的年代，我们的确无法完全完整地还原马克思给德国工人所上的那几趟经济学课的原貌，但我们却可以通过以社论的方式发表在 1849 年 4 月《新莱茵报》上的几篇文章来了解马克思当时所讲的精彩内容。当然，让 200 年后的我们去找出几份当年的报纸，难度好像也不小，但不要着急，我们还可以找来恩格斯于 1884 年将这些文章集结起来编辑出版的一个单行本的小册子，题目叫作《雇佣劳动与资本》。这本小册子，对于今天的我们来说，是唾手可得的。

　　就我个人的阅读体验而言，这部小册子可谓通俗易懂，言简意赅，虽然与他后来那些严谨的让人望而却步的大部头经济学著作相比，这个小册子在篇幅上显得太过简单，但却凝聚了马克思对于政治经济学研究的基本立场、观点和方法。毫不含糊。

　　下面就让我们一起进入马克思的课堂，开始聆听马克思为我们上的这一系列简明经济学原理的课程。需要提醒大家注意的，马克思并不是如斯密、李嘉图一般的古典政治经济学的学者，他是一名革命者，研究、讲授这些抽象的经济学原理对于马克思而言，不是为社会科学知识大厦去增砖添瓦，而是为了炸翻那个被资本所统治的魔法城堡而准备的火药。是的，这是一门充满火药味的经济学课程。在其中，所有的经济学原理的讲述都只是为了说明那显现在政治领域当中不可调和的阶级斗争，究竟是为了什么？

　　因此，在这部讲课稿的开篇，我们读到了马克思对于全部经济学研究之目的的这样一段开宗明义的表达：

我们听到了各方面的责难，说我们没有叙述构成现代阶级斗争和民族斗争的物质基础的经济关系。我们只是当这些关系在政治冲突中直接凸显出来的时候，才有意地提到过这些关系。①

据我推测呢，这个所谓的责难其实不过是马克思作为开场白的一个自问自答，但如果这一责难是真实的，不得不说，责难的提出者的确也算是马克思思想的知音。因为在马克思刚刚构思完成的唯物史观中，现实的物质生产所构筑的经济关系已经成为阐释社会现实斗争的一个内在动因，如今，在19世纪50年代风起云涌的革命实践中，马克思的这一套理论理应进行一次真实的实战演练，这一演练将帮助所有人拨开纷乱的政治斗争的迷雾，把握住左右着历史画卷的一场场悲喜剧背后的故事主线。马克思在这部小册子的一开始就选择了毫无悬念地将这个主线告诉他的听众们：

在我们的读者看到了1848年以波澜壮阔的政治形式展开的阶级斗争以后，我们想更切近地考察一下经济关系本

① ［德］马克思：《雇佣劳动与资本》，人民出版社 2018 年版，第 13 页。

身，也就正当其时了，因为这种经济关系既是资产阶级生存及其阶级统治的基础，又是工人遭受奴役的根由。①

于是，我们读到了马克思老师打算在这堂课上为大家讲授的三个方面的内容："（1）雇佣劳动对资本的关系，工人遭受奴役的地位，资本家的统治；（2）各个中间市民阶级和所谓的市民等级在现存制度下必然发生的灭亡过程；（3）欧洲各国资产者阶级在商业上受世界市场霸主英国的奴役和剥削的情形。"

听到马克思说出的这个教学大纲，大家是不是很期待呢？显然课程的逻辑如同一个导游，带领大家穿越被资本统治的魔法城堡，从其内在的魔法秘籍，也就是资本的秘密，到外在的城堡运行方式，也就是那些有关市民等级与世界市场之类的宏大叙事，都向大家展示一遍。但事实上，如果我们读完这部整理出版的小册子，你可能会有点小失望，因为在我看来，马克思除了详细讨论了第一个问题之外，对于后两个问题似乎都没有谈到。不过仅仅能把第一个问题讲清楚，我认为的确也很了不起了。毕竟在我看来，雇佣劳动与资本的关系，是这三个问

---

① ［德］马克思：《雇佣劳动与资本》，人民出版社 2018 年版，第 14 页。

题当中，最为根本的。

对于今天的我们来说，一提到雇佣劳动和资本，天然的就觉得两者是矛盾的，但我不得不说，这个矛盾在马克思的年代，并没有它们看起来那么显而易见。在当时的经济学家们看来，雇佣劳动，也就是拿工钱的劳动，是再正常不过的事情了，这不仅对于工厂主来说是开工生产的必要成本，同时也是工人们乐于接受的一个事实，所劳有所得，这对于刚刚从封建领主那里跑出来的农奴来说，已经是从未有过的公平了。所以马克思在1847年将两者放在一个对峙的局面下来讨论，对于当时的听众来说，近乎一种思想启蒙。

在我看来，要说明雇佣劳动与资本的矛盾关系，首要说明的是资本的本质。所有的矛盾与问题都因我们实际生活在这个被资本所统治的魔法城堡当中，无法逃离。资本，我在此不得不又一次强调，不是货币的积累，它是能带来新价值的那部分货币。而每一次当我这样去谈论资本的时候，我总是情不自禁地想到了哈利·波特的魔法棒，资本，就是这根魔法棒，无论是谁，只要手里拿着它，轻轻一挥，眼前的一切就都变了模样，但究竟变成了什么，却又似乎不由得魔法师说了算，而是

由这根魔法棒说了算。

让我们跟随马克思来看一看，被资本施了魔法的城堡中都发生了什么吧：

> 黑人就是黑人。只有在一定的关系下，他才成为奴隶。纺纱机就是纺棉花的机器。只有在一定的关系下，它才成为资本。脱离了这种关系，它也就不是资本了，就像黄金本身并不是货币，砂糖并不是砂糖的价格一样。[①]

大家注意啦，这里一定的关系，其实也就是资本的增殖强制所构筑的社会关系。在这种特别要求产生利润的社会关系之下，黑人变成了奴隶，因为他可以买卖，并成为了奴隶主有用的一个物件；纺纱机就变成了榨取雇佣劳动工人血汗的钢铁怪物，并成为工人每一次暴动的时候，总被砸掉的东西。同样，黄金也不再仅仅是一种金色的矿物质，而成为了多少人梦寐以求的东西，成为财富的象征，而那些遍布在我们生活当中的，诸如砂糖、小麦、棉花、羊毛，突然也都失去了它们存在的特

[①]　［德］马克思：《雇佣劳动与资本》，人民出版社 2018 年版，第 26 页

殊性，而变成了一个个可以计算的价格，结果会怎样呢？所有在资本的魔法城堡中生活的人，本质上都是一个个会计师，每天只懂得用一个个数字来计算自己的生活成本，而忽略了他们真实的生活体验。

1942 年法国传奇作家安托万·德·圣·埃克苏佩里出版了一本风靡至今的儿童作品《小王子》，它一直是我的最爱。其中很多个片段都是在嘲讽我们这些生活在资本的魔法城堡中，却还不自知的人们。埃克苏佩里将这样的人，总是称之为"大人们"。当你告诉这些大人们，你有一座房子，它的窗外有蝴蝶飞舞，窗台有鲜花盛开，这些大人们总会无动于衷；但如果你告诉他们，这座房子坐落在富人区，大约 300 平方米，那么他们马上会两眼放光，一脸羡慕的惊呼道："多么豪华的大房子呀"。看，这就是资本魔法城堡中的人们惯有的思维方式。

究竟是什么让我们变成了这些活得如此抽象而枯燥的大人们？当然就是资本。资本变身为世界上的一切事物，围绕并统治着我们。在此马克思这样为我们勾勒出这个魔法城堡的轮廓：

资本不仅包括生活资料、劳动工具和原料，不仅包括物质产品，并且还包括交换价值。资本所包括的一切产品都是商品。所以，资本不仅是若干物质产品的综合，并且也是若干商品、若干交换价值、若干社会量的总和。

不论我们是以棉花替代羊毛也好，是以米替代小麦也好，是以轮船代替铁路也好，只要棉花、米和轮船——资本的躯体——同原先体现资本的羊毛、小麦和铁路具有同样的交换价值即同样的价格，那么资本依然还是资本。资本的躯体可以经常改变，但不会使资本有丝毫改变。①

是的，这就是我们所生活的这个世界背后隐藏的那份残忍。马克思读懂了这个世界，他带着一份真诚的严肃站在这个世界的大门口，向我们招手：

欢迎来到资本的魔法城堡，欢迎来到真实的世界中。

① ［德］马克思：《雇佣劳动与资本》，人民出版社 2018 年版，第 27—28 页。

第十八章

究竟是谁动了我的奶酪？

——《雇佣劳动与资本》之二

在资本的魔法城堡当中，马克思大约是唯一一个可以挥舞着这根魔法棒，却没有被它所支配的人。因此在面对这个已经被施了法的世界，马克思洞若观火。究竟是什么，给了马克思这样一双慧眼，可以识破资本所构筑的迷雾？科学的研究，当然必不可少；但同样必不可少的，还有对这个世界中被剥削者深切的同情，以及努力尝试去解放他们的热情。

所以，在那些国民经济学家们的眼中合情合理的工资制度，在马克思的眼中，却成为了榨取工人最后一滴血的吸血鬼。这个吸血鬼如同欧洲历史上所有的吸血鬼故事中的主角一样，或许他原本是一个善良而美好的人，但一旦不幸被吸血鬼咬破了脖子，那么他也会变身为一代新的吸血鬼。

资本是这个恐怖故事的主角，它在其统治的世界当中不断找寻着自身的宿主，资本家、变成为奴隶的黑人、成为资本增值机器的纺纱机，以及所有不得不靠工钱来生活的雇佣劳动者，它们本质上都成为资本的宿主，只是资本家变成了资本的施动者，而所有的雇佣劳动者们则变成了资本的受动者。

马克思说：

> 除劳动能力以外一无所有的阶级的存在是资本的必要前提。①

他又紧接着说：

> "只是由于积累起来的、过去的、对象化的劳动支配直接的、活的劳动，积累起来的劳动才变为资本。"②"资本的本质并不在于积累起来的劳动是替活劳动充当进行新生

---

① ［德］马克思：《雇佣劳动与资本》，人民出版社 2018 年版，第 28 页。

② ［德］马克思：《雇佣劳动与资本》，人民出版社 2018 年版，第 28 页。

产的手段。它的实质在于活劳动是替积累起来的劳动充当保存并增加其交换价值的手段。"①

大家在刚刚这段话当中，读出了什么？此刻，头脑中是不是被一堆各种各样的劳动类型塞满了呢？是的！马克思作为理论家的派头不经意间就在课堂上冒出来了，于是一口气不间断地为我们说出了这段略显晦涩的"资本的本质"。

但大家也不要着急，让我先简单给大家转换一下术语：所谓的积累起来的、过去的、对象化的劳动，我们可以理解为所有的生产资料，比如那些生产所需要的机器以及诸多原材料，毕竟它们的价值也在于能成为人的劳动的对象；而所谓直接的、活的劳动，也就是工人的劳动，它们被直接投入到资本主义的生产当中，并在其中创造出新的价值。因此资本所必须的价值的增殖，根本在于"活劳动"的生产产生了新价值，这个新价值，也就是马克思在这里所说的"增加其交换价值的手段"。

---

① ［德］马克思：《雇佣劳动与资本》，人民出版社 2018 年版，第 29 页。

经过了这些术语的替换，大家再尝试重新读一遍刚才那段话，是不是好理解多了呢。其实翻译成更通俗的话来说，也就是："正是在雇佣劳动者们运用机器，使用原材料进行生产的过程中，他的劳动创造了新的价值，价值增值实现了，资本也就诞生了。"

当然如果马克思仅仅如我这般提出这样一个简单的判定，当然不能说服坐在下面的那些德国工人们。他们需要一个更为清楚而明了的讲解。

下面，我将直接转述马克思为他的学生们所举的一个例子，看看马克思究竟是如何讲述雇佣劳动者与资本之间存在的这种对抗性关系的：

> 举一个例子来说吧。有个农场主每天付给他的一个短工五银格罗申（普鲁士当时的货币单位——笔者注）。这个短工为得到这五银格罗申，就整天在农场主的土地上干活，保证农场主能得到十银格罗申的收入。农场主不但收回了他付给短工的价值，并且还把它增加了一倍。可见，他有成效地、生产性地使用和消费了他付给短工的五银格罗申。他拿这五银格罗申买到的正是一个短工的能生产出双倍价值的农产品

并把五银格罗申变成十银格罗申的劳动和力量。相反，短工则拿他的生产力（他正是把这个生产力的作用让给了农场主）换到五银格罗申，并用它们换得迟早要消费掉的生活资料。①

通过这个具体的例子，马克思课堂上的学生们应该可以理解了。农场主用五个银格罗申所购买的商品，也就是短工的劳动，是一个十分特殊的商品，它不是如同农场主购买的其他生产资料那样，买来多少就是多少，比如十粒小麦的种子就是能长出十株小麦，它们所能带来的面粉产量也是固定的；但农场主买来的短工的劳动，却很是神奇，这个活劳动总是能在很短时间内就弥补了农场主的付出，并开始为他的产品增加新的价值，但这部分增殖的劳动，却又很难说是从短工劳动的哪一个时刻开始的，而是整个混合在一起。正是因为这种抵消工资的劳动与新增殖的劳动无法区分，才构筑了自人类文明发展至今最为隐蔽的一种剥削。雇佣劳动者也因此成为了人类历史上第一个最为自由的被剥削者。没有任何人身依附关系，雇佣劳动者们自由地出卖自己的劳动，自由地选择自己的剥削者，当然，他们唯一没有的自由，就是不能自由地选择不被剥削。

---

① ［德］马克思：《雇佣劳动与资本》，人民出版社 2018 年版，第 29—30 页。

马克思用了一个小例子就说明了资本增殖的真正秘密，那就是劳动成为一种商品，成为一种雇佣劳动并被资本家购买所必然产生的结果。正因如此，马克思对于雇佣劳动与资本的关系，做出了如下清晰的表述：

> 资本以雇佣劳动为前提，而雇佣劳动又以资本为前提。两者相互制约；两者相互产生。
>
> ……
>
> 资本只有同劳动力交换，只有引起雇佣劳动的产生，才能增加。雇佣工人的劳动力只有在它增加资本，使奴役它的那种权力加强时，才能和资本交换。因此，资本的增加就是无产阶级即工人阶级的增加。[1]

当我们读到这里的时候，你有没有感到很诧异？马克思不是开宗明义地告诉我们，他在这里要讨论的是雇佣劳动与资本之间的对抗性关系吗？怎么说到这里，两者仿佛是相辅相成的

---

[1] ［德］马克思：《雇佣劳动与资本》，人民出版社2018年版，第30页。

关系了？

马克思仿佛看出了我们的疑惑，直接给出了回应：

> 资产者及其经济学家们断言，资本家和工人的利益是
> 一致的。千真万确呵！如果资本不雇佣工人，工人就会灭
> 亡。如果资本不剥削劳动力，资本就会灭亡……①

因为这种相互依附的关系的实质是"雇佣劳动生产着对它
起支配作用的他人财富，也就是说生产着同它敌对的权力——
资本"②，因此即便在最有利的情况下，比如在经济最繁荣，因
此雇佣劳动者最为抢手的情况下，雇佣劳动者所做的，在马克
思看来也不过是"满足于为自己铸造金锁链，让资产阶级用来
牵着它走"。③

读到这里，不知大家对这种资本与雇佣劳动的对抗性关系
理解到什么程度，有没有感觉马克思还没有直击这种对抗性的

① ［德］马克思：《雇佣劳动与资本》，人民出版社 2018 年版，第 30 页。
② ［德］马克思：《雇佣劳动与资本》，人民出版社 2018 年版，第 31 页。
③ ［德］马克思：《雇佣劳动与资本》，人民出版社 2018 年版，第 37 页。

本质所在呢？资本与雇佣劳动既然共生共荣，那为什么还要说雇佣劳动者在"锻造自己的金锁链"呢？雇佣劳动者的努力如果带来资本的扩张，按照两者相生相容的逻辑，那么对雇佣劳动者来说不也是好事吗？雇佣劳动者不仅不会失业，还可能获得工资的提高。两者怎么会是敌对关系呢？

如果你有这种感觉，那就说明你真正跟上我们阅读的节奏了，让我们继续深入文本当中，看看马克思是怎样为我们层层拨开这团迷雾的吧。

马克思在这里提出了一个重要的富有创造性的工资理论。在这一理论当中，包含着这样一个核心的理论要点：

> 工资和利润是互成反比的。资本的份额即利润越增加，则劳动的份额即日工资就越降低；反之亦然。利润增加多少，工资就降低多少；而利润降低多少，则工资就增加多少。①

---

① ［德］马克思：《雇佣劳动与资本》，人民出版社 2018 年版，第 35 页。

239 _____ 第十八章 究竟是谁动了我的奶酪？

话说到这里，雇佣劳动与资本之间的对抗性关系的秘密是否终于被揭示出来了呢？我想是的。但可能还不够。毕竟这个"反比"的内在规律与我们所看到的外在表象似乎并不那么相符。

呈现在眼前的表象是，随着雇佣劳动的努力工作，资本越做越大，劳动者的工资提高了，而且有很多时候，一个资本家的盈利包含着很多其他的要素，比如可能是通过一个资本家与另一个资本家的贱买贵卖的交换，或者由于改进了劳动工具，比如今天西方资本主义社会的技术革新，或者诸多层出不穷的新创意等等，都有可能为资本家带来利润，这些利润不仅不是来源于雇佣劳动者工资的降低，甚至还带来了工资的增长。令人惊奇的是，这些可能性，在马克思的时代竟然都被马克思谈到了，可见资本从其诞生以来，就始终处于不断变革自身的节奏当中。但面对这些纷乱的表象，马克思却不以为然，他在概述了这些表象之后，异常平静地说：

固然，利润的增加不是由于工资的降低，但是工资的降低却是由于利润的增加。资本家用同一数量的他人的劳动，购得了更多的交换价值，而对这个劳动却没有多付一文。这就是说，劳动所得的报酬同它使资本家得到的纯收入相比却减少了。①

大家注意了，在此，马克思特别强调从来不是雇佣劳动工资的数量的减少或者增加，而是工资与资本家的收入之间的比例始终处于减少的状态。在此，雇佣劳动与资本的对抗性本质得到了全面的澄清：在表象上雇佣工资的上涨或者下降，从来不是问题的关键；问题的关键，从来都是这个涨涨落落的工资在与资本家的利润所得的比例当中永远处于减少的状态。因此资本家与雇佣工人之间永远处于一种零和博弈的状态，资本家的利润大，工人相对于利润的收入所占比例就小。

如何用一种理论的方式来表达资本与雇佣劳动之间的这种结构性对抗呢？马克思用哲学家特有的方式，来为现象进行分类和命名，形成了几对概念，从而为我们解析了工资的真正秘密所在。

最为直接呈现出的是工资数量，马克思将其描述为"劳动

---

① ［德］马克思：《雇佣劳动与资本》，人民出版社 2018 年版，第 35 页。

的货币价格",并将其命名为"名义工资"。这一工资充其量只是雇佣劳动者拿到手里的货币数量而已,但这些货币在不同的社会情境下,究竟能为雇佣劳动者换来多少生活资料,是并不固定的。在通货膨胀的经济危机之下,即便工资涨幅很大,工人也依然无法购买到足够的生活用品,因此仍然会处于贫困当中,马克思将这种展现实际购买力的工资称为"实际工资"。但对于马克思说来,无论是名义工资还是实际工资,其实都还不是工资真正的秘密所在。工资的本质秘密在于:

"工资首先是由它和资本家的赢利即利润的关系来决定的。这就是比较工资、相对工资。"[1] 对于这一相对工资,马克思进一步解释道:"相对工资所表示的是:同积累起来的劳动即资本从直接劳动新创造的价值中所取得的份额相比,直接劳动在自己新创造的价值中所占的份额"。[2]

讲到这里,我觉得马克思算是把这个问题真正讲透了。工资的本质,绝非表面的名义工资,也非彰显一定购买力的实际

---

[1] 〔德〕马克思:《雇佣劳动与资本》,人民出版社 2018 年版,第 33 页。

[2] 〔德〕马克思:《雇佣劳动与资本》,人民出版社 2018 年版,第 33 页。

工资，工资的全部本质都在于它在资本增殖中所占的份额。这就意味着那些拿工资的雇佣劳动者每一天都在做着与虎谋皮的工作。他们与资本家们每一天都在切分一块蛋糕，雇佣劳动者们如果拿走其中大的一块，留给资本家的，就是小的那一块，如果你是一个被资本增殖的魔法施了法术的资本家，你会作何选择呢？相信答案不言而喻了吧。所以，在此，正是通过相对工资这个概念，马克思终于为我们揭示出资本与雇佣劳动之间不可调和的对峙关系。

第十九章

行走于人间的普罗米修斯

——《路易·波拿巴的雾月十八日》之一

◆ 1848 年 2 月 24 日巴黎罗亚尔宫外的战斗

　　怎样的时代，就会产生怎样的思想家。我不得不又一次重复这句我已经说过很多次的话，借此让大家更为清楚地意识到，马克思的那些天才的思想并不是凭空产生、横空出世的。19 世纪 40 年代，欧洲革命风起云涌，革命的硝烟，近乎成为了人们呼吸的空气。《共产党宣言》是那个时代特有的一种思想的呐喊。它出版于 1848 年 2 月底，这一时间节点却会让这一思想的呐喊注定在当时被暂时淹没。因为就在它出版的同一时间，巴黎，再一次爆发了震动整个欧洲的政治大地震。

　　1848 年 2 月 24 日，布鲁塞尔被焦急等待的人们挤满了。人们都在等待一个消息，那就是法国那个曾经推翻了波旁王朝的七月王朝是否又一次成为了历史。25 日零点 30 分，等待的火车终于到站了，一个工程师从还没有停稳的车上跳下来，大喊"瓦朗谢纳塔顶飘起了红旗，共和国成立了！"人群马上爆发出欢呼声。

此刻的马克思，就在布鲁塞尔，我不能确定他是否就在欢呼的人群中，但我十分确定的是，马克思，这个刚刚完成了《共产党宣言》的热血青年一定是第一时间获得了这一消息，并也一定会为之欢欣鼓舞。因为这一革命虽然并非是马克思为人类社会所谋划的革命理想的实现，但却是对旧的贵族制度的最后一次彻底的颠覆。马克思仿佛听到了历史的车轮朝向未来开动的隆隆声。

然而这份兴奋并没能持续多久，马克思，这位刚刚走出书斋的革命者在这一个革命后收到的第一份礼物竟然是比利时政府给出的驱逐令，后者因为害怕引火烧身，所以竟然第一时间决定驱逐多位流亡的外国人，马克思的名字排在第一个。但命运似乎对于这个胸怀大志的年轻人还是有所眷顾的，就在马克思收到比利时政府驱逐令的同一天，他竟然同时收到了来自法国巴黎临时政府的一封信，这封信严格说来是一封公函，因为它是对马克思此前要求撤销驱逐令的回信，但大约此刻的临时政府还沾染着 1848 年二月革命火热的余温，因此这封公函竟然写的热情洋溢，同时又因它的到来恰逢其时，所以显得充满了人情味。

这封公函是这样的：

勇敢忠诚的马克思：

法兰西共和国大地是一切朋友自由的避风港。施行暴政的国家驱逐了您，自由的法兰西对您以及那些所有为这个神圣事业，为这个所有人的兄弟般的事业奋斗的人们敞开了她的大门。法兰西政府的每一位官员必须在这个意义上认识自己的使命。

致以兄弟般的敬礼

临时政府成员费迪南·弗洛孔[①]

_____

① ［英］戴维·麦克莱伦：《马克思传》，王珍译，中国人民大学出版社，2016 年版，第 191 页。

就这样，马克思和他的家人终于获得了一个暂时的容身之地。革命者当然要到革命的中心去，对于马克思，这位已经逐渐成长为欧洲革命领袖的人来说，还有哪儿能比巴黎更安全、更自由、更令人向往呢？

此刻的巴黎，的确已经变成了革命者的狂欢之地。马克思曾经的论战对手巴枯宁于 2 月 28 日到达巴黎的时候，发现这里已不是他所熟悉的那个巴黎。美国作家玛丽·加布里埃尔在她的《爱与资本：马克思的家事》一书中这样描述那个在巴枯宁眼中的巴黎："巴黎林荫大道上最主要的风景居然不再是坐在马车上的年轻时髦男子和无所事事的闲人。现在，街上到处是革命者——他们称自己为'四八年人'，留着胡须，围着饰巾，带着宽边帽。他们是坚强的斗士，现在，他们终于可以像浪漫主义者一样沉醉在自由的阳光中。"①

是的，所有的浪漫主义者在此刻的法国成为了最为真切的现实主义者。小说家福楼拜在此刻来到巴黎，试图从艺术的角

---

① ［美］玛丽·加布里埃尔：《爱与资本：马克思的家事》，朱艳辉译，湖南人民出版社 2018 年版，第 119 页。

度来观看巴黎，如同一个狂热的粉丝终于进入了自己偶像的剧场之中。另一位法国女作家乔治桑竟然进入了内政部撰写宣传公告，而大文豪维克多·雨果则受邀担任教育部长。这就是法国人骨子里近乎致命的浪漫，他们竟然可以直接将文学家变成政治家，因此他们也是最有可能让想象直接变成现实，将理论直接投入实践的民族。也正因如此，革命对于 19 世纪的巴黎而言，近乎成为了一种常态。

　　巴黎，作为 19 世纪革命者的都城敞开怀抱迎接着来自全世界的革命者。仅就 1848 年初，巴黎就出现了 147 个政治性的俱乐部。而马克思在到达巴黎的当天就加入了其中最大的一个。这个俱乐部的名字叫作人权社团。但实际上在随后的一年里，马克思的所有政治活动都仍然集中在那些旅居法国的德国人中。马克思的工作是卓有成效的，很快就有了完全属于自己的俱乐部——德国工人俱乐部。这个俱乐部的发展非常迅速，大约也就用了一个多月的时间，就发展出了 400 个会员。在 1848 年 3 月 10 日的会议上，马克思当选为这个俱乐部的主席，恩格斯成为了委员会成员。

　　从进入共产主义者同盟开展相关工作，到成为一个独立革命组织的领袖，马克思仅仅用了不到一年时间。这个原本用笔战斗的思想者，这个崇尚普罗米修斯，热爱古希腊哲学的马克思博士，如今直接变成了一个手拿武器，随时准备在街垒战中进行战斗的战士。这注定是一个只能发生在革命年代才有的神话。

因此，翻阅从 1848 年到 1850 年间马克思的文献，我们所读到的除了马克思为自己出资创办的《新莱茵报》所撰写的报纸文章之外，同时还有一些马克思的演讲，甚至他在法庭上与陪审员的辩论。这一时期的马克思不再是一个仅仅试图用理论来改变现实的思想旁观者，同时还是一个参与现实实践的行动者。这一双重身份，给马克思一家带来的却是更多的苦难、贫穷、驱逐以及随时都有可能被捕的恐惧。但不得不说，也正是这一双重身份，让马克思有了对于理论和现实、思想与行动之间的内在关联更为深入的思考和分析。

马克思所构筑的唯物史观在这一时期得到一次实战的演练，这个带有着浓重的理性规划的思想在活生生的历史前面必须要交出一份自己的答卷。运用着马克思的唯物史观，那纷繁复杂的历史乱象是否就有了一种被理解的可能性？如果你和我一样，跟随着马克思的思想演进一路走来，一定会产生这样的好奇。这就如同我们得到了一个新的糕点模具，总会跃跃欲试地用它来将一块面团做成我们自己想要的样子，但这一做法是否可行，还需要我们实际操作。

在随后的三章中，我想着重与大家分享的一部马克思的经典文献，就属于这样一类作品，它的题目叫作《路易·波拿巴的雾月十八日》。它是不是很像一部小说或者戏剧的名字？人物、地点与时间在题目上一下子就全部交代得清清楚楚。

路易·波拿巴，法国传奇皇帝拿破仑·波拿巴的侄子，1848年革命后又一次复辟帝制的皇帝；雾月十八日，则包含着一个历史的典故，1799 年 11 月 9 日的这一天，拿破仑发动了一场政变，将法国元老院和国民议会通通解散，自己成功上台成立一个法国执政府，并最终成为了法兰西第一帝国的皇帝。而这一天呢，在法国共和日历上所指的是雾月十八日，所以历史上总是将拿破仑的这场政变称为"雾月十八日的政变"。而时隔近 50 年的1851 年的 12 月 2 日，同样在法国共和日历的雾月中，拿破仑的侄子，路易·波拿巴，再一次发动政变，再一次解散立法议会，再一次黄袍加身，成为了法兰西第二帝国的皇帝。

尽管有如此之多的相似性，然而对于当时身处其中的人们来说，能够跟上事件发展的节奏已经非常困难了，还有谁会在事件发生当中冷静的发现，竟然是两个拿破仑，在同样的一个雾月政变当中，阻断了法国走向共和的道路。当然更加无法理解的是，这种历史的重合究竟又意味着什么。因此当马克思用"路易·波拿巴的雾月十八日"来命名小拿破仑的这一次政变的时候，他近乎以一己之力完成了一次政治哲学研究范式的转变。

这一说法看似有点夸张，实际上却近乎成为当代学界的一个研究共识：社会学家们将马克思的这一研究范式称为"事件社会学"。这种社会学的研究希望能够基于某些特定时间内发生的事件来彰显某种思想的内核。要知道，对于大部分今天的社会学家来说，社会学总是与一个长时段内的统计与梳理密不可分，以一种历史的片段来敞开某种社会思想是直到 20 世纪之后才被某些带有交叉学科视角的社会学家们所推崇的。而马克思，却在 100 年前给出了这种事件社会学的典型示范。只是对于当时的马克思而言，他从未如今天象牙塔中的大学教授们，热衷于单纯的理论创新，他写作这篇政论性的文章，只有一个目的，那就是搞清楚当时在 1848 年到 1851 年间纷乱的法国政治斗争当中，究竟发生了什么？或者用马克思的话来说："为什么一个有 3600 万人的民族竟会被三个衣冠楚楚的骗子偷袭而毫无抵抗地做了俘虏？"① 已经成熟了的资产阶级和他们构筑的市民社会为何仍然不能掌控一个国家的局势？更进一步的追问在于，那已经登上了历史舞台的无产阶级为何不能将革命进行到底？

这是一位革命家面对风起云涌的革命形势所作出的一次认真的思考。马克思在这一思考中梳理着自己对于革命，对于新兴的资产阶级，对于在他的头脑中已经建立起来的无产阶级等概念的一些基本想法。因此这篇文献近乎成为了理论家马克思虚心向现实的一次求教。他在其中耐心地检验着自己的理论，究竟哪里是对的，哪里还有待完善。

这就是马克思的这部精彩的政论性文献《路易·波拿巴的雾月十八日》对于他的思想的逐步完善所应有的理论意义。

_____

① ［德］马克思：《路易·波拿巴的雾月十八日》，人民出版社 2018 年版，第 14 页。

同时，这也是马克思，这个初次降临人间的普罗米修斯为我们奉献出的一部人间悲喜剧。它如今作为一个文本，在政治思想史上悄悄上演，随时等待着理解它的观众走入这部戏剧背后的思想世界。

第二十章

『不合时宜』的思考

——《路易·波拿巴的雾月十八日》之二

Die Revolution,

Eine Zeitschrift in zwanglosen Heften.

Herausgegeben von

J. Weydemeyer.

Erstes Heft.

Der 18te Brumaire des Louis Napoleon

von

Karl Marx.

New-York.

Expedition: Deutsche Vereins Buchhandlung von Schmidt und Helmich.
William-Street Nr. 191

1852.

◆ 马克思的《路易·波拿马的雾月十八日》，最先刊载在不定期刊物《革命》
第 1 期上。

　　法国人爱闹革命，这近乎成为了所有讨论法国哲学、政治与文化的人都不得不正视的一个事实。时至今日，你可能无法想象自法国大革命开始至今日，法国共经历了五个共和国，两个拿破仑帝国，共制定了 13 部宪法。有人做过统计，从 1789 年到 1875 年的 86 年间，法国平均每 7 年就更换一部宪法。在这里我实在忍不住要发表一点我的感慨，在我这个法律门外汉看来，宪法，作为现代国家的最高律法，其地位应可类比摩西在西奈山上与上帝的约定，具有一种天然的神圣性吧，但在法国，究竟对宪法进行修修补补还是推翻宪法，却最终成为了革命者彰显自身革命之彻底性的一把尺子。这 13 部宪法的产生，无声地诠释了近代法国历史的跌宕起伏。

出生于 1818 年的马克思，在其思想成熟时期，法国大革命后动荡的社会现实成为了他进行思考无法逃避的理论背景。因此，革命问题，在我看来，近乎成为了马克思哲学思想最为核心的理论所指。或许你会对我的这个判断提出这样的质疑：在我们已经阅读的，甚至即将阅读的多部文献当中，政治经济学的批判不是占据了绝大部分内容吗？马克思在何种意义上将"革命"视为了理论核心了呢？

对这个问题的回答，其实需要我们充分地去理解 1848 年到 1851 年间马克思所撰写的两部重要著作，一部叫作《1848 年至 1850 年的法兰西阶级斗争》，另一部就是我们即将要为大家详细讲述的《路易·波拿巴的雾月十八日》。在我看来，前一部作品近乎是后一部作品的准备材料。它们不仅是马克思为数不多的直面现实革命的政论性文献，更为重要的是，马克思正是在对这些文献的写作当中逐渐意识到这样一个不以人的意志为转移的现实：那就是，在自法国大革命以来所敞开的现代资本主义社会中，由市民社会所构筑的物质利益成为了一双操控社会发展的隐蔽的看不见的手。任何有关这个社会的革命，自此不再可能仅仅凭借着一腔热情，一种对剥削和压迫的愤怒就可以完成，它需要物质生产生活的全面变革来为这一革命提供前提条件；只有这样，革命才可能获得真正的胜利。

如果你在听到我刚刚谈到的这些话之前已经读过《路易·波拿巴的雾月十八日》，或许你会反驳我说，在这篇文献当中，马克思不是仅仅按照时间顺序为我们呈现了从1848年到1851年间法国发生的各种政变和事件吗？他究竟在什么地方说到我刚才谈到的物质生产的变革呢？是的，马克思并没有直接将他从这些政治事件中所得到的结论说出来，但一个显而易见的事实是，马克思在完成了这两部著作之后，在政治取向上近乎开始变得保守，甚至与当时的共产主义者同盟中的激进派决裂，让自己重新回到书房，开始认真地研究当时全部的政治经济学相关著作，并实际上将这一学术研究一直延续到了他生命的终点。

换句话说，对于法国这一时期革命的反思和批判，让马克思更为清楚地意识到这样一个问题：探讨现代资本主义社会革命的命脉并不在人的革命行动，而在于首先认清革命行动得以可能的条件。这一认识，对于马克思的思想成熟而言，至关重要。

好了，对于《路易·波拿巴的雾月十八日》之重要性的渲染，我已经做的够多了，是时候带大家赶紧进入正文了。

《路易·波拿巴的雾月十八日》，正如我们已经给大家提到的那样，所描述和分析的是发生于 1848 年的二月革命到 1851 年 12 月 2 日拿破仑三世黄袍加身之间，法国政坛与法国社会发生的一系列事件。但由于这段历史对于马克思来说是真真切切的当代史，因此其描述和分析的难度是极高的。

为什么这么说呢？在这里，我还需要给大家拐个弯去聊聊与马克思生活在同一时代的法国历史学家托克维尔，以便大家在对比当中来与我们一起感叹一下马克思那超群的理论分析能力。托克维尔最为有名的著作，除了那部人尽皆知的《美国的民主》，还包括一部《旧制度与大革命》，出版于 1856 年，就在这段轰轰烈烈的 1848 年革命以后，但这部书讨论的却是 1789 年法国大革命前后的法国社会。

熟悉托克维尔的朋友们一定知道，这位法国贵族在二月革命之前，曾任法国众议院议员，并且还会常常与那个被革命吓跑的皇帝路易·菲利普聊聊天。二月革命之后，这位充满学究气的贵族不仅没有受到革命的冲击，甚至还参与到新建的第二共和国宪法的制定中，并一度成为秩序党内的外交部部长。我啰啰嗦嗦地列出这个似乎与马克思完全没有交集的法国贵族的辉煌简历，只是为了以对比的方式向大家呈现这样一个事实：对于当下社会现实能够拥有一种富有穿透力的反思和批判的能力，并不是每个人想去做就能够做的。如托克维尔这般学富五车的思想大家，这段历史的亲历者，都无法在历史发生的同时给出自己的研究。但需要补充说明的一点是，这件事，托克维尔并不是不想做，相反，托克维尔在他给朋友的书信中非常确定地说：

> 我只能考虑当代主题……最为新颖、最适合我的智慧禀赋与习惯的主题，将是对当代进行思考与观察的总汇，是对我们现代社会的自由评断和对可能出现的未来的预见。①

然而就在立下这个目标之后，托克维尔却抛出了一部有关半个世纪之前的历史研究，这就让大家很是纳闷了，他不是要谈谈当下吗？怎么去说了一段历史呢？托克维尔语焉不详，但

---

① ［法］托克维尔:《旧制度与大革命》，冯棠译，商务印书馆 2012 年版，第 3 页。

我却似乎在他的书信中隐约读到了他面对这个刚刚过去的风起云涌的时代感到无从下笔的困惑：

> 但是当我去找同类主题的焦点，主题产生的所有思想彼此相遇相连结的一点时，我却没有找到。我看到这样一部著作的各个部分，却看不出它的整体；我抓住了经纱，但是没有抓住纬纱，无法织成布。①

从上下文来看，显然，托克维尔在这里似乎将 1848 年的这个当下视为了一部著作，而他这个读者，这个甚至被写到这部书中的人，却不敢轻易地将自己关于这部著作的解读公之于众。以至于今天的我们只有依赖于他的一部整理出的回忆录来了解托克维尔在这段历史中的所思所想。

同样是思想的巨人，小了托克维尔 13 岁的马克思却迅速拿起了笔，一鼓作气地为大家写了这段历史，是初生牛犊不怕虎吗？或许有那么一点，但我更倾向于将马克思的这份勇气视

---

① ［法］托克维尔：《旧制度与大革命》，冯棠译，商务印书馆 2012 年版，第 3 页。

为他自身已建构的哲学所具有的巨大力量。

因此，虽然这部著作描述了一段历史，但在我眼中，这部著作所讲述的却是马克思特有的哲学，也就是他的唯物史观的全部内涵。这段活生生的历史于是变成了一部讲述唯物史观的精彩戏剧，它的每一个篇章的展开都是在讲述唯物史观的基本原理。

然而当时马克思已经完成的唯物史观的系统观点还不为人知，因此，当马克思将这部著作放到了名为《革命》的刊物中发表出来的时候，人们或许仅仅将其视为一位颇为激进的青年记者对于时事政治的一种追踪报道。如果换作是在今天，马克思的这部著作甚至可能背上蹭热点的嫌疑也说不定。因此马克思在 1869 年《路易·波拿巴的雾月十八日》的第二版序言中为我们提到了这部著作当时的出版情况时很是无奈：

> 我的早逝的朋友约瑟夫·魏特迈曾打算从 1852 年 1 月 1 日起在纽约出版一个政治周刊。他曾请求我给这个刊物写政变的历史。因此，我直到 2 月中旬为止每周都在为他撰写题为《路易·波拿巴的雾月十八日》的论文。这时，魏特迈原来的计划遭到了失败。作为变通办法，他在 1852

年春季开始出版名为《革命》的月刊，月刊第一期的内容就是我的《雾月十八日》。那时这一刊物已有数百份输送到德国，不过没有在真正的书籍市场上出售过。当我向一个行为极端激进的德国书商建议销售这种刊物时，他带着真正的道义上的恐惧拒绝了这种"不合时宜的要求"。①

读着这段话，我一边替马克思感到郁闷，一边又不得不为这种"不合时宜的思考"点赞。要知道所有那些伟大的思想在其刚刚出现的时候，无一例外地会表现为一种不合时宜。因为它们多多少少总是来得有些太早了。

马克思在 1869 年的序言中也以相对含蓄的方式表达了这种"不合时宜"：马克思将他的这部《路易·波拿巴的雾月十八日》与当时另外两部研究 1848 年革命的著作放到了一起，进行了一个比较：写作两部著作的作者，一个是大家都很熟悉的法国大文豪维克多·雨果，另一个则是已经被我反复提到过的法国哲学家蒲鲁东，还记得他吗？他曾经是马克思《哲学的贫困》的批判对象。

---

① ［德］马克思：《路易·波拿巴的雾月十八日》，人民出版社 2018 年版，第 3 页。

马克思说：

"在与我这部著作差不多同时出现的、论述同一问题的著作中，值得注意的只有两部：维克多·雨果的《小拿破仑》和蒲鲁东的《政变》。

维克多·雨果只是对政变的主要发动者做了一些尖刻的和机智的痛骂。事变本身在他笔下被描绘成一个晴天霹雳。他认为这个事变只是某一个人的暴力行为。他没有察觉到，当他说这个人表现了世界历史上空前强大的个人主动性时，他就不是把这个人写成小人物而是写成巨人了。蒲鲁东呢，他想把政变描述成以往历史发展的结果。但是，在他那里关于政变的历史构想不知不觉地变成了对政变主角所作的历史辩护。这样，他就陷入了我们的那些所谓客观历史编撰学家所犯的错误。相反，我则是证明，法国阶级斗争怎样造成了一种局势和条件，使得一个平庸而可笑的人物有可能扮演了英雄的角色。"①

---

① ［德］马克思：《路易·波拿巴的雾月十八日》，人民出版社 2018 年版，第 3—4 页。

　　我刚刚为大家读出的这一段，乍看起来，如同是马克思为自己的研究所做的一个简单的国内外研究状况的文献梳理，但实质上，却为我们提供了理解这部经典文献的精准路标。因此，这段话值得大家反复阅读和品位。

　　需要明确的一点是，同样面对着 1848 年这段法国革命史，马克思实际上为我们呈现了三种不同的研究道路：一种是雨果式的，他惊愕于一个如小丑一般的路易·波拿巴竟然将整个议会和宪法都玩弄于股掌之间，看似对这个拿破仑充满鄙夷，但正如马克思所发现的那样，他实际上是将这个小人物变成了可以操纵历史的巨人。因为这种审视态度极为凸显了路易·波拿巴个人的主动性，我将其称之为"主观主义"的研究路径。

　　与之对立的是蒲鲁东式的，他的相关专著，叫作《从十二月十日政变看社会革命》，乍看起来，很容易与马克思的唯物史观相混淆，因为他强调了客观的历史对于波拿巴产生的必要条件，让这一处政治闹剧透出一种时势造英雄的味道，按照蒲鲁东这个逻辑，波拿巴也没办法，正是法国客观的历史大潮将他推上了皇位，他又能怎样呢，只能顺应历史潮流而已。因此马克思对蒲鲁东的这一阐释概括精准：这等于是对政变主角的一种辩护。我把蒲鲁东的这条道路称为"客观主义"的研究路径。

显然，无论是主观主义道路，还是客观主义道路，这个政治小丑波拿巴在他们的研究中都变成了历史中的巨人。我们的主人公马克思，手握着唯物史观的利剑，直面波拿巴阴谋上位的政治斗争的复杂局面本身，就事论事，不那么渲染波拿巴的个人特质，也不诉诸于宏大的历史叙事。我将马克思的这种研究路径称之为"事件化"的研究路径。在这一路径当中，马克思不再关心人类历史发展的全部过程，他所关心的只是这一刚刚发生的事件的全部意义。

不知当我这样为大家梳理了三种不同的研究路径之后，你是不是已经意识到这样一个问题，如果我们将《路易·波拿巴的雾月十八日》视为马克思唯物史观在面对活生生的历史的时候所做的一次实战演练，那么马克思的唯物史观就需要一些新的阐释原则，当然这些阐释原则其实已经在我们讨论过的文本当中显现出来。

在此我不得不又一次提醒大家去回忆一下我在这一系列篇章当中，所强调的一些有关马克思唯物史观中的基本原则、它们总也呈现出一种不合时宜的特质：比如，马克思的唯物主义不仅仅尊重客观性，同时还特别强调偶然性；再比如马克思的历史唯物主义并不是将唯物主义原则在历史中进行推广和运用，而是将所有事物都视为一种暂时性存在的一种视角。因此，虽然马克思的唯物史观中也曾构建了人类整体发展的"人类简史"，但一个不争的事实在于，在《德意志意识形态》当中有关人类简史的架构，一贯严谨的马克思总是显得有些随意，并且在马克思生前几乎都没有被发表出来，而马克思却花了极大的气力去面对 1848 年的法国革命。并且，在我看来，他毕生努力研究的政治经济学批判所指的也不过是资本主义社会，而这个社会，归根结底，不过是人类漫长历史发展长河中的一个片段、一个事件。所以，我与大家分享的这段事件化的唯物史观的研究，对于大家来说，或许并不是那么熟悉和习惯，但正如老黑格尔曾经说的那样，熟知并非真知。让我们大家一起，抛掉一切熟知的结论，带着问题，重新出发，进入马克思为我们勾勒的路易·波拿巴走向辉煌的那一天，从而以事件性的分析方法来操练一下唯物史观的基本原理。

大家准备好了吗？

第二十一章

万圣节的假面舞会

——《路易·波拿巴的雾月十八日》之三

◆ 马克思的《路易·波拿马的雾月十八日》手稿的一页

经典文献之所以经典，常常是因为它包含着一些脍炙人口的经典语录。或者反过来说也成立，正是因为一篇文献当中包含了一些经典语录，经典文献才成为了经典。

《路易·波拿巴的雾月十八日》为今天的我们贡献了太多这样的经典语录，今天首先让我与大家分享几个引用率极高的段落。

文章的开篇，熟读黑格尔的马克思首先引用了黑格尔在《历史哲学讲演录》中的一个说法：

"黑格尔在某个地方说过，一切伟大的世界历史事变和人物，可以说都出现两次。"①

在这里，一向严谨的马克思竟然没有指出黑格尔这一思想的出处，我想，可能一方面是因为这篇政论性文章并不是一篇黑格尔思想的研究论文，不必在文献出处上斤斤计较；但或许还有一种可能，那就是马克思在这里只不过是用黑格尔做个引子，借用了他的一个说法，并且甚至准备在有意"曲解"的意义上来拓展一下这一思想。从马克思紧接其后的表达来看，我认为后一种可能性更大一些。

马克思接着黑格尔说：

"他（也就是黑格尔——笔者注）忘记补充一点：第一次是作为悲剧出现，第二次是作为笑剧出现。"②

大家注意了，刚刚列出的这句话是马克思文献中非常著名的

---

① ［德］马克思：《路易·波拿巴的雾月十八日》，人民出版社 2018 年版，第 8 页。

② ［德］马克思：《路易·波拿巴的雾月十八日》，人民出版社 2018 年版，第 8 页。

一句经典语录。它以极为精妙的方式说出了对于马克思这一代人而言多少有些无法理解的历史事实：那就是，历史并不如 19 世纪的理性主义者们所想当然认为的那样，总是快马加鞭地朝向未来的某个方向飞奔、进步，而是出现了历史的倒退与重复。马克思分别用悲剧和笑剧的表达方式来描述这种历史的重复。不知大家是否能体会到其中所渗透着的对这一重复的嘲讽和批判。

是的，马克思是在否定的意义上来谈论这一重复的。因为他所面对的这个与拿破仑有着些许亲缘关系的路易·波拿巴，正是以近乎漫画的方式复制了他的权权拿破仑曾有的辉煌，因此，那以英雄史诗般被记录下来的拿破仑的政变及其帝国，在马克思生活的 1848 年则变成了一出出小丑的闹剧，波拿巴带着拿破仑帽，用尽各种卑劣手段骗取选民的选票。他所发动的政变，看似是拿破仑雾月十八日的重复，但实际上，却不过是对一出悲剧的戏仿，它所成就的也只能是一出笑剧的舞台。

《路易·波拿巴的雾月十八日》就以这样一个有关历史悲喜剧的讨论拉开了序幕。在这篇文章的开篇，马克思并没有急着去描述和展开这出政治大戏，而是用了相当的篇幅来讨论历史的这一诡异的重复。在马克思的眼中，这一重复近乎成为了人类创造历史的一个惯例。面对这个惯例缘何产生的问题，马克思作出了这样的一个解释：

> 人们自己创造自己的历史，但是他们并不是随心所欲地创造，并不是在他们自己选定的条件下创造，而是在直接碰到的、既定的、从过去继承下来的条件下创造。一切已死的先辈的传统，像梦魇一样纠缠着活人的头脑。①

不得不再一次给大家插播一句的是，我刚刚引用的这句话，又是一句传播很广的经典语录。在此，历史，这个充满诱惑的海妖，正在马克思的驯服下逐渐显露出它的本来面目。历史，并不如 19 世纪那些自信的理性主义者所认为的那样，它的一切尽在人的掌控当中，马克思在波拿巴的黄袍加身中看到了人们创造自己历史的过程中所包含的那些不以人的意志为转移的客观性。强调这一点，对于马克思生活的年代中那些活跃着的理性主义历史学家来说，是一个新鲜的观点。因为对于当时那些动不动就给历史划分不同阶段的人来说，历史，作为人

----

① ［德］马克思：《路易·波拿巴的雾月十八日》，人民出版社 2018 年版，第 9 页。

的活动，总是某种人类意志的显现。而此刻的马克思，在历史悲喜剧的交替上演中看到了人无法左右的历史客观性。

需要指出的是，此刻马克思所强调的这种历史创造不得不直面的客观性并不是他在唯物史观中所强调的那个现实的物质生产：在 1848 年的欧洲革命中，阻碍人们按照自己的意志去创造历史的客观性是所有那些从过去继承下来的社会历史条件，诸如那些束缚人的一些陈年陋习、一些思维惯性。例如在 1848 年革命期间，正是当时占据着法国大多数的法国农民理所当然地认定，那个小拿破仑就是英雄的拿破仑主义的正统传人，以至于他们误认为将这个波拿巴推上皇帝的位置，就可以继续拿破仑的辉煌。

而对于马克思而言，这样一种带着幽灵的面具参与革命的狂欢，显然成为了 1789 年以来法国革命的一个典型形象。而马克思则如同一个游走在万圣节夜晚的游客，观看着往来人群各自穿着古代先祖的服饰，煞有介事地用着现代人的语言和行为方式，用对已死的历史的演绎推进着当下的革命。而在这一过程中，复活的，从来不是那个被扮演的幽灵，而是那个扮演者自身试图完成的革命。马克思对这样一个如同万圣节中的假面舞会一般的革命做了极为精彩的描述，这些描述，不得不说，又一次为我们奉献了一段段的经典语录。

下面，就让我来为大家展示一下这些精彩的段落：

当人们好像刚好在忙着改造自己和周围的事物并创造前所未有的事物时，恰好在这种革命危机时代，他们战战兢兢地请出亡灵来为自己效劳，借用它们的名字、战斗口号和衣服，以便穿着这种久受崇敬的服装，用这种借来的语言，演出世界历史的新的一幕。例如，路德换上了使徒保罗的服装，1789—1814 年的革命依次穿上了罗马共和国和罗马帝国的服装，而 1848 年的革命就只知道拙劣地时而模仿 1789 年，时而又模仿 1793—1795 年的革命传统。①

听完了这一段，或许你会有些诧异，为什么自法国大革命以来，革命需要采取一种假面舞会式的表演呢？马克思对这一问题的分析也是极为精准的，因为这一革命背后真正的主导者

① ［德］马克思：《路易·波拿巴的雾月十八日》，人民出版社 2018 年版，第 9 页。

是新兴的资产阶级：他们所推翻的是一种天然的等级秩序，他们所建立的是一个用金钱来换算一切的社会。于是我们的人类社会开始进入到一个普遍平等的年代，但也就是一个没有英雄的时代。因为我们每个人都没有了一种不惜一切代价来做一件事的勇气，因为斤斤计较的计算，就是资产阶级固有的一种生活方式。但革命，从本质上说，却总是依托于一种无法计算的耗费——人力物力财力的不计厉害的耗费。因此在资产阶级革命的初期，资产阶级的斗士们需要一种古典英雄的幽灵来为这一革命注入灵魂，否则那些每天喜欢在账本上去计算一天得失的资本家们并没有根本的动力去推翻阻碍他们发展的封建等级社会。

马克思对此洞若观火，他这样说：

> 资产阶级社会完全埋头于财富的创造与和平竞争，竟忘记了古罗马的幽灵曾经守护过它的摇篮。但是，不管资产阶级社会怎样缺少英雄气概，它的诞生却是需要英雄行为的，需要自我牺牲、恐怖、内战和民族间战斗的。在罗马共和国的高度严格的传统中，资产阶级社会的斗士们找到了理想和艺术形式，找到他们为了不让自己看见自己的斗争的资产阶级狭隘内容，为了要把自己的热情保持在伟

大历史悲剧的高度上所必需的自我欺骗。①

在此，马克思以排山倒海的气势说出了资产阶级革命者的两个特点：第一，这群只能拿着算盘盘算着个人得失的资产阶级革命者们需要披着古代英雄的外衣来让自己的革命看起来更富有崇高感。第二，那英雄的外衣终究也不过是一件外衣而已，它改变不了的是现代资产阶级的软弱本性。这种软弱性，表现在他们本质上对政治斗争的漠不关心，对于马克思所持有的宏大的人类解放的伟大目标也嗤之以鼻，他们所关心的其实不过仅仅是眼前的利益、手中的钱袋。因此，一旦革命成功，所有那些英雄的外衣都会被资产者们弃之如敝履。

马克思借用英国革命曾经走过的道路，告诫着身处革命热潮中的人们：

> 在 100 年前，在另一个发展阶段上，克伦威尔和英国人民为了他们的资产阶级革命，就借用过旧约全书中的语

---

① ［德］马克思：《路易·波拿巴的雾月十八日》，人民出版社 2018 年版，第 10 页。

言、热情和幻想。当真正的目的已经达到，当英国社会的资产阶级改造已经实现时，洛克就排挤了哈巴谷。①

需要给大家解释一下的是，哈巴谷，是一个犹太教中的小先知，在《旧约全书》中有一卷的题目就叫作《哈巴谷书》，内容主要讨论的是上帝为什么能够允许恶人去围困有识之士。而除了这一卷里哈巴谷的一些言论，对于这个人，历史上已经完全无迹可寻了，但在这一卷中，哈巴谷诗一般的热情话语，以及他为人类福祉而努力的执着却是清晰可见的。马克思显然在此用这个人物替代的是那英雄史诗般的革命者。而洛克，如果熟悉西方政治学的人们一定都知道他是谁。正是这位 17 世纪的英国哲学家，第一次为人类的财产权证明，指出了拥有财产对于人格塑造所具有的重要意义。因此，马克思用"洛克排挤了哈巴谷"所表达的正是资本主义革命的最终宿命：这场万圣节的假面舞会总会在革命的第二天就终止了自己的狂欢，回到利益优先的平庸生活。

---

① ［德］马克思:《路易·波拿巴的雾月十八日》，人民出版社 2018 年版，第 10 页。

但马克思所希望看到的革命，却绝非终结于这场万圣节的假面舞会。马克思之所以如此密切地关注 1848 年这段历史进程，正是因为在其中，马克思所期盼的无产阶级革命第一次真正登上了历史的舞台。如果说 1848 年的二月革命，无产阶级还只是资产阶级需要联合的一种力量，那么到了 1848 年的六月革命，则纯然被马克思定义为一次无产阶级独立完成的革命。尽管革命的结局是失败，但马克思却在《1848 年至 1850 年的法兰西阶级斗争》中极富洞察力的说道：

> 在这些失败中灭亡的并不是革命，而是革命前的传统的残余，是那些尚未发展到尖锐阶级对立地步的社会关系的产物，即革命党在二月革命以前没有摆脱的一些人物、幻想、观念和方案，这些都不是二月革命所能使它摆脱的，只有一连串的失败才能使它摆脱。①

这种从失败中获得胜利的革命，是一种能够开拓出一个全新世界的革命。马克思是对这一革命有着清醒认识的第一人。

---

① ［德］马克思：《1848 年至 1850 年的法兰西阶级斗争》，人民出版社 2018 年版，第 25 页。

马克思在一个仍然依赖于亡灵的革命当中，看到了未来革命的基本形式，并将这一有关未来的革命形式以富有诗意的语言阐发了出来：

> 19 世纪的社会革命不能从过去，而只能从未来汲取自己的诗情。它在破除一切对过去的迷信以前，是不能开始实现自己的任务的。从前的革命需要回忆过去的世界历史事件，为的是向自己隐瞒自己的内容。19 世纪的革命一定要让死人去埋葬他们的死人，为的是自己能弄清自己的内容。从前是辞藻胜于内容，现在是内容胜于辞藻。①

我相信当这样的文字摆在大家的面前，你们会和我一样，为马克思敏锐的思想与富有穿透力的语言所征服。我爱马克思这样的语言，因为其中不仅有富有激情的辞藻，更有扎实的内容。

马克思预言了一种指向未来的革命。这是一种不同于资产

---

① ［德］马克思：《路易·波拿巴的雾月十八日》，人民出版社 2018 年版，第 11—12 页。

阶级所特有的革命：它无须披着古代英雄的外衣，无须借助万圣节的假面舞会的狂欢，它无须借助于辞藻的华丽，因为这样的革命原本就有自己无可替代的理想诉求，原本就包含自己无可替代的全部革命的内容，因此它无须诉诸于古代英雄的幽灵来提升自身的崇高感，因为它自身革命的内容就包含着这样一种史无前例的崇高感——是的，还有什么伟大的理想能与全部人类的解放相媲美的崇高呢？而马克思所试图完成的那种指向未来的革命正是以此为目的、以此为内容。而这种革命的全部担当者，只能是由一个阶级，也就是无产阶级才能真正地完成它。

后记
那些未完待续的留白

对本书成稿的筛选与校对完成于 2021 年的春节期间，作为后疫情时代的第一个春节，我选择了在京过年，这于我而言，是人生的第一次。

新冠肺炎疫情改变世界，在这个世界中继续生活着的人们注定要经历一个个人生中的"第一次"。而能够激励我们在这样百年未有之大变局中前进的力量有很多，哲学，注定不是最为直接的那一个。于是，每一次当我读到马克思为批判蒲鲁东《贫困的哲学》所完成的《哲学的贫困》的时候都会联想到这一著作的名称所内含的两个层面：第一，这是一部意在批判蒲鲁东所构筑的政治经济学的论战性著作；第二，这是一部彰显蒲鲁东之哲学的贫乏无力的著作。马克思在当时一语双关。

而今，在经济架构全面座架了我们的时代之际，所有那些带有浓重的形而上学色彩的抽象哲学面对现实都显得格外贫乏无力。我们"似乎"正在经历一个哲学异常贫困的时代。在本书原初的章节中，因为篇幅所限，我不得不整段删除了有关于马克思《哲学的贫困》全部四章、近两万字的讨论。因为相对于其他的章节，这一部分的内容显得不那么重要了。然而这一删除仿佛一个"隐喻"昭示出哲学在今天这个时代的不合时宜。

但我却一直坚信我在本书开篇所谈到的那样一个观点：面对世界之大变局，哲学回应不仅是可能的，同时也是必须的。

一个时代没有哲学的声音，不是哲学的贫困，而是时代的贫困。

马克思的哲学从来都不具有一种贫乏与无力意义上的贫困。相反，在他的哲学中我们总是能够听到今天我们这个时代的呼吸声。

后疫情时代的诸多问题与马克思的哲学绝非一种外部相加的关系。其中所蕴含的诸多问题的对接，已被越来越多领域的人们所看到。例如，在本书的最后三章中，我和大家分享了马克思的《路易·波拿巴的雾月十八日》。这一文本丰富而有趣，我将其视为马克思运用唯物史观分析现实历史事件的典型示范。但如果你对于当下刚刚发生更迭的美国政坛有兴趣，并对于刚刚结束统治的特朗普政府有更多的了解，或许你会发现这样一个有趣的现象，在这一文本中马克思用来描述拿破仑三世及其事变的所有分析和表述似乎都可以直接用在今天分析和理解特朗普所参与的美国政治。这个有趣的历史对接一度成就了多个网络话题，很多文章都曾以"特朗普的雾月十八日"为题来展开自身的讨论。这绝非仅仅意味着一种历史的巧合，而是马克思的唯物史观在分析被资本逻辑所统治时代其内在具有的思想的力量。特朗普作为资本的人格化的显现，最为直接而彻底地彰显了在资本逻辑的推演下美国政治的全部可能性方向。而这些可能性的方向，并不会因特朗普的下台而完全失去它固有的运行轨迹。

在本书当中，已经三十而立的马克思虽然还未完全深入政治经济学的批判性研究当中，但仅从《雇佣劳动与资本》的系列讲课稿当中，我们已经看到了马克思运用独特的阶级分析方法对当代资本逻辑所展开的批判路径。在某种意义上说，马克思自 1857 年之后对于政治经济学所展开的系统研究不过是这一批判路径的理论深化而已。而这将是我在下一部"趣读系列"当中即将与大家做进一步分享的主要内容。

试图完成一个系列写作最大的困扰，是总害怕紧随其后的部分成为某种狗尾续貂。《青年马克思是怎样炼成的？》的写作，因为完全的自发性，而成了一种近乎自由自觉的活动。而这一趣读作为一个有待出版的计划被设定出来之后，这种自由自觉的活动有了某种要转变成为"异化劳动"的趋向。为了避免这一转变，我努力让自己有关于"趣读"的写作保持在一种相对随性的状态之中，写作于是成为一个无需特定时间特定空间内发生的事情，而是一种随时随地都有可能开始的一个过程。以至于我的背包里总是不得不有一个可以随时写作的电脑、电子书或者小本子，以便记录随时可能蹦出的一个标题、一个段落。这种写作对于我们这些动辄就要写出万把字学术论文的研究者来说是一次较为新鲜的创造体验，而我也总是热衷于在这样一个随性状态中去捕捉一些新的想法，当然，有时也会苦于固有的研究思路和习惯，陷入一些晦涩而乏味的推理和演绎当中。

于是，我并不是很确定，目前这部趣读究竟是否能给阅读者以真正的愉悦感，我唯一可以劝慰自己的就是，口味无争辩，"趣味"这件事，也大约是因人而异的吧！或许我写的兴趣盎然之处，对于读者而言则味同嚼蜡……

最后，在这个未完待续的留白中，我还要继续感谢人民出版社的曹歌编辑，他虽然在本质上作为一个隐形的"他者"，规定着我的这部小书的架构和内容，但他与我对于马克思共同的热爱与兴趣却使得这个"规定"富有极高的自由度，并最终帮助我完成了挑选章节这一最为艰难的决断，并以他极为细致的工作完成了本书的校对与编辑工作。

最后的最后，不得不向大家交代如下一段多余的话：

在编辑曹歌老师的帮助下，我从原始文稿中的 40 章，近 30 万字中选择了如下成书的 21 章、10 万余字的篇幅。其他篇章的"剩余"虽然无法遭受老鼠牙齿的批判，却也只能躲在电脑硬盘中，随时可能转变为被我"遗忘的角落"。

夏　莹

2022 年 12 月 20 日

于清华园人文楼